情報整理術
クマガイ式

IT時代の「時間」と「情報」を味方につける方法

熊谷正寿

GMOインターネット株式会社 代表取締役会長兼社長

かんき出版

夢をかなえるために必要な「情報」と「時間」——まえがきにかえて

私には夢がたくさんあります。すでにかなえた夢もありますが、まだまだかなえていない夢もたくさんあります。おそらく、読者のみなさんにも、これからかなえようと思っている、たくさんの夢があるでしょう。

ところでみなさんは、「夢をかなえるために必要なものは何でしょう」と聞かれたら、何と答えますか。

たとえば、ある同じ夢をかなえたいと考えている二人の人がいたとしましょう。二人とも頭の良さや身体能力は同じだとします。もしこの二人のうち、一方がその夢をかなえ、もう一方が夢をかなえられなかったとしたら、この二人の結果を分けたものは何でしょう。

あるいは、一方はその夢を「早期に」「確実に」かなえ、もう一方は「かなり時間を経過して」「当初考えていた夢より少し劣るもの」しかかなえられなかったとしたら、この二人の結果を分けたものは、一体なんでしょう？

「運」と答える人もいるでしょう。しかし運のように目に見えない不確かなものではなく、もっと現実的に「夢の実現のために必要不可欠」なものがあります。それが「時間」と「情報」です。

私は二十一歳の時、毎日仕事に忙殺されていました。何をやってもカラ回りしているような感じがしていました。そしてこのままでは何一つ成し遂げられないまま、ただ時間だけが浪費されてしまうのではないかと恐ろしくなりました。

そこで手帳に「夢」や「やりたいこと」をすべて書き込み、今後十五年の人生年表を作成して、それに沿って人生を邁進することに決めました。

と同時に、こう決意したのです。

「夢をかなえるためには時間と情報が必要だ。それらを同時に手に入れるために、情報整理術を身につけよう」

高校中退の私は、それまで情報整理の概念などまったく持ち合わせていませんでした。そして「夢がたくさんある」「それに比例して情報も増える」「その結果、玉石混淆《ぎょくせきこんこう》の情報に振り回され、時間を浪費する」「ますます夢から遠ざかる」という悪循環を繰り返していたのです。

私は、自分の持っているたくさんの夢をあらためて見直して、情報の収集や選別をうまくしないと、夢を実現する上での大事な選択を誤る恐れがあると肝に銘じました。溢れる情報から価値ある情報を見つけ、それを活かすことができなければ、夢をかなえることなどとうていできないと悟ったのです。

また、情報整理術を身につけておけば情報を探す時間は限りなくゼロになります。そうすればその浮いた時間を、夢を実現するための思考や、優先順位の高いことに費やすことができるというものです。

そこで私は、情報収集や情報整理の本を片っ端から読みあさりました。そしてインターネットと巡り会い、クマガイ式とも言える情報整理術を確立することができたのです。

二十一歳の時にたてた「十五年以内に会社を設立して上場する」という夢をかなえ、その会社（GMOインターネット株式会社）を東証一部に上場することができたことも、ひとえにこの情報整理術を身につけることによって価値ある情報を自分のものとし、効率よく時間を使うことができたからに他なりません。

私が本書でこれからみなさんにお伝えすることは、まさにこのクマガイ式情報整理術のノウハウです。このノウハウを自分なりに活かしていただければ、夢をかなえる可能性やスピード、かなえられる夢の質が高まることでしょう。

「運」は人間の力で増やすことはできませんが、時間と情報は、本人の努力と工夫次第で増やしたり質を高めたりすることができるのです。

私は前著『一冊の手帳で夢は必ずかなう』（かんき出版）と『20代で始める「夢設計図」』（大和書房）で、手帳を使って夢をかなえる方法をご紹介しました。夢をかなえる方法は、その本にほぼ書き尽くしたつもりです。

ですから本書では、「より確実に」「より早く」「より高い質で」夢をかなえるために、ぜひとも知っておいてほしい情報整理の話をさせていただこうと思います。

本書は決して、「机回りやパソコンの中の見た目をよくする本」や「整理オタクのための情報整理の本」ではありません。

「夢をかなえたい」
「そのためには情報と時間が必要だ」
「情報と時間を味方につけるには情報整理術が必要だ」

これが私の情報戦略の根幹です。クマガイ式情報整理術は、夢をかなえるためのノウハウなのです。

インターネットの時代を迎え、世の中の情報化はますます進み、情報整理の重要性はますます増しています。

本書が、あなたの夢をより早く、より確実にかなえる一助になれば幸いです。

二〇〇五年　六月

熊谷正寿

まえがきにかえて

情報整理術クマガイ式

目次

第2章　クマガイ式情報整理術［デジタル編］

一日に五百件のメールを処理する私のパソコンの整理法

第3章 クマガイ式情報整理術［アナログ編］

デジタル全盛時代でもアナログツールとの併用がベスト

第4章 夢をかなえるための情報収集術

有益な情報の集め方と活かし方

第5章 夢をかなえるための時間節約術

段取りと小さな工夫の積み重ねが時間を増やす

第6章 ITを使った情報収集&時間創造プラスα

ちょっとマニアックな私のIT活用術

装幀――渡辺弘之デザイン事務所

序章

夢を「より早く」「より確実に」かなえる方法

時間と情報をいかに味方につけるか

1 情報がないと夢への最短ルートを誤る

まずは「情報」の話からはじめましょう。

夢をかなえるためになぜ情報が必要なのか。わかりやすいところからお話しすると、それは「情報が少ないと判断を間違える可能性が高い」ということです。

たとえばあなたが、長時間の労働に励んだ後に息切れもせずに平然としている人を見て「あんなに体力があるといいな」とうらやましく思ったとしましょう。

「よし、俺も体を鍛えるぞ！」

これで一つ夢が誕生しました。さっそくあなたは、誰かから聞いたトレーニングを実施します。固い意思と、たゆまぬ努力の甲斐があって、半年もする頃には他人から見ても体が鍛えられたことがわかるほどの肉体になりました。

ところがあなたは、長時間の労働の後にあいかわらず息切れしてしまいます。以前に比べれば格段に疲れなくなっているのですが、当初考えていたほどの「息切れもせずに平然として」いられるほどの体になっていないのです。

努力が足りないのでしょうか？　もっと高い健康器具やプロテインを買うべきなのでしょうか？　それとも自分の持って生まれた体質の限界なのでしょうか？

こうして悩み出すとキリがなく、最悪の場合は「やっぱり私はダメなんだ」という気持ちになってしまいます。「きっと意思や努力が欠如しているんだ。ということは、体を鍛えたいというのも本当はちょっとした憧れで、本気でなりたいわけじゃなかったんだな」と考えてしまうかもしれません。

でももし、原因が「情報」にあったとしたらどうでしょう。本来なら「持久力」をつけるトレーニングをしなければいけなかったのに、情報不足、あるいは誤った情報を入手したために「瞬発力」をつけるトレーニングをしていたとしたらどうでしょう。

もちろんこれは架空の話です。しかし現実にも、的確な情報が適量そろわなかったために夢をかなえられなかった、あるいは、かなえるのが大幅に遅れたということは往々にしてあります。プロ野球でも、もともと強打者だった人が「もっと肉体を強化しよう」としてトレーニングに励んだが、その方法が間違っていてレスラーのように筋骨隆々になり、ケガをしやすい選手になってしまった例もあります。

夢を「確実に」「早く」「高いレベルで」かなえるためには、努力の方向を間違えないためにも、最短距離を走るためにも、情報は大切なのです。

2 夢の実現に不可欠かつ有限な「時間」という資源

「情報」と同じく、夢をかなえるために欠かせない資源があります。「時間」です。「日本一の大金持ちになりたい」「世界平和に貢献したい」といった規模の大きな夢から、「ネイティブと英会話ができる語学力を身につけたい」「都心に一戸建ての家を構えたい」といった比較的身近な夢まで、いずれにも共通するのが「時間が必要」だということです。

大金持ちになるのなら、そのための勉強や実際のお金の運用に時間がかかるでしょう。世界平和にしても、地道な努力を長い年月続けた方が、より効果があるでしょう。英会話も数日で発音もバッチリというわけにはいきませんし、都心の一戸建てだって、貯金をして何十年かのローンを組んで、ようやくかなえられる夢です。もし都心に一戸建てを即金で買える人がいたら、その人はそもそも「都心に一戸建ての家を買いたい」という夢は持たないでしょう。

このように、時間は夢の実現に不可欠な資源です。基本的に時間をかけなければ夢はかなえられませんし、時間をかければかけるほど、その夢はより確実に、より満足のいくかたちでかなうものです。

ただし、みなさんもご承知のように「時間」は有限です。一年を三百六十五日として、仮に百歳まで生きられるとしても、人には八十七万六千時間しかないのです。医学の進歩などで未来はもう少し生きられるようになるかもしれませんが、「私はもう少しやりたいことがあるから十万時間追加して」というわけにはいきません。

夢をかなえるために必要なものはいくつかあります。そのうち、本人の意志の強さや努力は、本人次第でかなり引き出すことができます。頭の良さも、努力次第でかなり上限を引っ張り上げることができるでしょう。運の良さも、これは計りがたいですが、上限というものはなさそうです。情報にしても、とくに最近はＩＴ化の恩恵も受け、欲しいと思うだけ手に入れることができます。

しかし時間だけはあいかわらず有限であり、それだけに夢をかなえるにあたっては、貴重な資源なのです。とくに夢が多ければ多いほど、必要とする時間も多くなります。これは深刻な事実です。

夢をかなえるために絶対に忘れてはいけないこと。それは「夢をかなえるための資源である時間は、有限で貴重なものだ」ということです。

3 一番の時間の浪費は探し物をすること

時間は有限です。そして多くのビジネスマンは「自分には時間の余裕がない」と考えています。私自身、自分の夢の量と比較して「時間が全然足りない！」と常に思っています。

しかし現実問題として夢をかなえるためには時間が必要で、それに対して「時間がない」と嘆いても何の解決にもなりません。現実的に「いかに時間を増やすか」ということを考える必要があります。

もっとも、ご承知のとおり時間は買ったりもらったりして増やせるものではないので、私たちにできることと言えば時間の浪費をなくすことです。では、最大の時間の浪費とは一体なんでしょうか。

人によってこの答えはいろいろあると思います。しかし、誰にも共通の、そして最大の時間の浪費があります。それが「物を探す」ことです。

ささいなことのようですが、これが実は馬鹿にできません。中には、仕事の大半を物探しのために浪費しているように見える人も少なくありません。

仕事に必要な情報のありかがわからず、書類ファイルをめくったり、机の引き出しを開け閉めしたり、鞄の中を探ったり。大騒ぎして、周囲まで物探しに巻き込む。

パソコンに保存したデータが見つからず、どんなタイトルを付けて保存したかも忘れて、的はずれのキーワードを入力しては何度も検索を繰り返す。

誰かに電話をするたびに、「アドレス帳がない！　もらった名刺がどこかへ行っちゃった」と大騒ぎし、二分ですむ電話に一〇分かかる。

こんなふうに、しょっちゅう探し物をしている人は実に大勢います。

いざ仕事を始めようという時に「あれがない、これがない」となると、始めるまでに時間がかかるばかりか、やる気が萎《な》えてしまいます。当然、仕事はダラダラになります。

また仕事の途中に探し物が生じると、集中力が途切れます。したがって処理スピードを加速させていくことができません。本来なら三十分でできる仕事も、二度、三度と中断すれば、下手をすると倍の時間を費やしてしまうことになります。

探し物というのは、物を探している時間だけではなく、仕事の処理時間をも長引かせるものなのです。

ということは、探し物をしなくて済むように整理整頓をしておくということは、夢の実現に必要な時間を増やすということに他ならないのです。

整理が下手な人というのはとかく、「もっと大事な仕事が山のようにあるのに、整理整頓なんかに時間をかけてはいられない」とか「整理したって、またすぐにぐちゃぐちゃになるんだから、やるだけ損だ」といった屁理屈をこねがちです。「整理なんて時間のムダだ」と言わんばかりです。

しかし、物を探す時間というのは、誰にとってもまったく生産性のない時間です。探す時間だけ時間が奪われるということですから、何と抗弁しようと、私には夢にとって最も重要な資源である「時間」を軽んじた発言にしか聞こえませんし、夢を実現したい情熱が欠如しているように感じられます。

本気で夢をかなえたい人が、そんなムダを自らに許すことがあってはならないと思います。

少し前に話題になった『気がつくと机がぐちゃぐちゃになっているあなたへ』（草思社刊）という本には、こう書かれていました。

「平均的なビジネスマンには一日に百九十の情報が入ってくるが、探し物をするためだけに年間百五十時間も浪費している」

百五十時間といえば、ほぼ一カ月分の労働時間に相当します。これだけの時間を探し物以外の作業にあてられたら、どれほど時間を有効に使えるでしょう。整理下手を自認する人も、この数字を見るとさすがに考え込んでしまうのではないでしょうか。

一番の時間の浪費は探し物をすること。

整理整頓をきちんとやっておけば、ものを探す時間を短くすることができます。これは、夢の資源である時間を増やすことに他なりません。

一年で一カ月分という「夢の資源」が手に入れられるなら、どんな手を尽くしてでも整理整頓を心がけるべきでしょう。

私は自分の夢をかなえるために、この「物探し」のムダを重くとらえ、常に整理整頓を心がけて「物探し時間ゼロ」を目指しています。

4 「時間」が「情報」に食われていませんか？

さて、夢をかなえるための大事な資源「時間」を確保するためには、整理整頓をこころがけて「探し物」の時間を撲滅する、ということを理解していただいたところで、いよいよ本書の核心に移りたいと思います。

整理整頓は「探し物」をしないためにするのですが、裏を返せば「探す必要があるほど、たくさんある」からこそ整理整頓が必要だということです。たとえば洋服を三着しか持っていない人は、洋服の整理をする必要はないでしょう。一目瞭然でさっと着たい服を取り出して着ることができます。しかし三十着持っている人は、洋服ダンスを整理しておかないと、着たい時に着たい服をすぐに取り出すことができず「探し物」をするはめになります。

このように「たくさんある」と、そこには整理する必要が生じるのです。

では質問です。昔に比べて日本は豊かになり、食料や衣類や工業製品が世の中に「たくさん」あふれています。でも最近、とくに急激に増えたものとはなんでしょう？

もったいぶるつもりはありませんので、答えを言ってしまいましょう。それは「情報」です。

現代は情報化社会です。新聞・雑誌等の紙媒体や、多チャンネル化が進むテレビをはじめとする電波媒体にインターネットが加わり、世はまさに情報洪水の様相を呈しています。

それ自体はとてもありがたいことです。あらゆる媒体を使って情報の横断検索ができるので、欲しい情報に短時間でアクセスできます。

しかもインターネットのおかげで、国境のない検索が可能になりました。かつてのようにどこにあるかわからない情報を求めて、半ば闇雲に街を歩き回るような手間はほとんどかからなくなっています。

ただ反面、あまりにも情報がたくさんあり過ぎるために、気がつくと何の役にも立たない情報に振り回されている危険性が高いというデメリットもあります。

検索過程で情報収集の目的を見失って、興味がひかれるままにあらぬ方向に行ってしまったり、いい加減な情報を鵜呑みにして判断を誤ったり、情報量の多さにウンザリして吟味もせずに目先の情報に飛びついて、もっといい情報を見逃したり。そういう「困ったこと」が頻繁に発生しがちなのです。

また、パソコンの処理速度や記憶容量は、日に日に目覚ましく向上しています。ワープロソフトや表計算ソフトも毎年アップグレードされ、人はこれまで以上に容易に大量に情報を入手し、保存することが可能になりました。

しかし、では人がうまく情報を活かすことができるようになったかといえば、まだまだ疑問です。入手した情報をどこにしまったか忘れてしまった。あるいは、入手したことさえ忘れてしまったということも日常茶飯事ではないでしょうか。

勘違いしないでほしいのですが、パソコンやインターネットを使いこなす人が、情報をうまく使いこなす人というわけではないのです。ダラダラとネットサーフィンをしたり、自分で保存したファイルを探すのに時間がかかるような人は、単に情報の洪水に飲まれているだけなのです。

IT化は今後ますます進むものと考えられます。つまり、情報は今後ますます、容易に、膨大に、手に入れられるようになるのです。そのことは同時に、情報量の多さに飲み込まれてしまい、情報の整理がしきれずに、情報を探す時間が増える（＝夢の資源である時間が減る）可能性が高くなるということです。

夢の資源である「情報」が増えることで、もうひとつの夢の資源である「時間」を食いつぶすとしたら、なんとも皮肉な話ではありませんか。

情報と時間の法則

夢をかなえるためには「情報」と「時間」が必要

情報を乱雑に収集すると、時間が失われていく

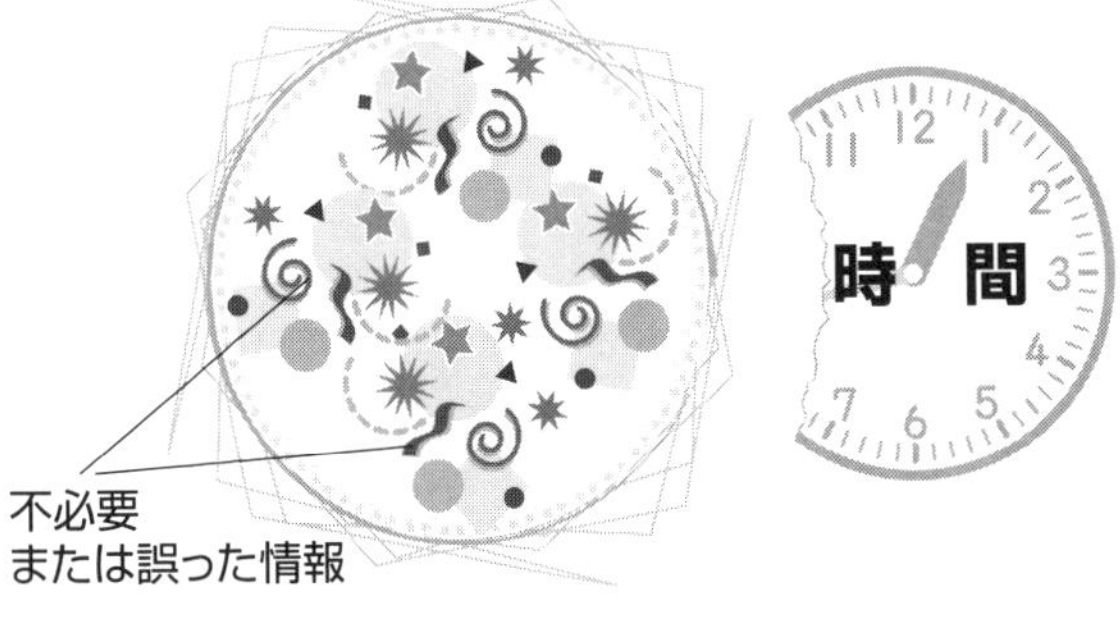

情報整理をしておけば、情報と時間を確保できる

5 情報整理術は現代社会人の基礎&必須スキル

夢をかなえるためには時間と情報が欠かせません。情報は今後、容易に、しかも大量に入手できるようになるでしょう（もちろん情報の「質」も大事です。それについては後ほどご紹介します）。

しかし一方で、情報が多いということは選択肢が多くなるということであり、判断が難しくなるということでもあります。同時に情報量の増加は、情報の整理整頓を困難にし、夢をかなえる資源である時間を「情報探し」のために費やすことになるかもしれません。

そんな事態を避けるためには、現代人は「より質の高い情報を入手・整理し、それを自在に引き出すノウハウ」を身につける必要があります。このノウハウを身につければ、それだけ時間も自分の自由になり、より早く、より確実に夢をかなえることができるのではないでしょうか。これが私の情報戦略の根幹です。

そういえば昔、情報整理に関する本を読みあさっていた時期がありました。私のブログにも書いてあるのですが、その時に出会ったのが梅棹忠夫先生の『知的生産の技術』（岩波新書）という本です。

この本には、当時の私にとって目から鱗《うろこ》のような内容がたくさん書かれていました。たとえば、こんなことが書かれています。

・「今日では、情報の検索、処理、生産、展開についての技術が、個人の基礎的素養として大切なものになりつつあるのではないか」

私がこの本を読んだのは一九八五年のことですが、第一刷が一九六九年ですから、かれこれ三十五年も前に梅棹先生がこのような先見性を持たれていたことに、今でも脱帽します。また、こうも書かれています。

・「たとえば、コンピューターのプログラムの書き方などが、個人としてのもっとも基礎的な技術となる日が、意外に早く来るのではないか」

ここは若干の修正をさせていただいて、プログラムの書き方ではなくて情報の検索、収集、整理の仕方が基礎的技術になったのではないかと思います。

そして梅棹先生はこうも書かれています。

・「学校では、知識は教えるけど知識の獲得のしかたはあまり教えてくれない」

このことは、情報整理についても同じことが言えます。情報そのものはいろいろなソースから入手できるのですが、その情報の整理の仕方や活かし方は、学校や会社でもなかなか体系立てて教えてくれないのです。

インターネットの時代を迎え、人はより多くの情報を、時間やコストをかけずに検索、収集することが可能になりました。しかし獲得した情報の「整理法」はまだ個人の資質、努力に委ねられています。

現代人は、夢を達成するためにも、競争に勝つためにも、「情報整理・活用」に力を入れることが必要不可欠なのです。

6 情報整理は頭の整理

情報整理の必要性を説くと、中には「整理する時間がもったいないと思わないのですか?」といった質問をする人がいます。そういう人は、情報を整理する時間を非生産的だと考えているのでしょう。

というより、アトランダムに情報を集めて、溜めに溜めてから整理するから「整理は時間がかかるもの」という概念が、いつの間にか意識に刷り込まれてしまっているのかもしれません。

しかし、情報を探し出してすぐにルールに則《のっと》って整理・保存すれば、それに要する時間は一分とかかりません。整理しないでおいて、使おうとするたびに「探す」時間を何度も費やすことを考えると、決して時間のムダではありません。

また、私は週末に手帳の整理を含めて二〜三時間を情報整理の時間にあてて、一週間分の情報をざっと見直しながら改めて整理し直しますが、その時間も決して非生産的ではありません。

整理をすれば情報への接触頻度が複数回になるので、その分、内容が頭に入ります。それが「記憶のフック」として機能し、情報が記憶のブラックホールに葬られることを防げます。ふとした瞬間に「そうだ、あの情報が使える」と思いつくのです。

また、情報整理をすると頭も整理されます。

前著で「手帳の整理は頭の整理」と言いましたが、情報整理も同じです。きちんと整理すれば、頭の中で情報がぐちゃぐちゃに錯綜し、思考がピンボケになることはありません。ポイント思考に集中できるし、その中で情報と情報が組み合わさってアイデアが生まれることも多々あります。

このようにクマガイ式情報整理術は、単に資料をきれいに整頓して見た目をよくするためのテクニックではありません。情報を「夢に活用できる生きた資源」にし、一つひとつの夢・目標に取り組む「時間」を大幅に増やし、同時に夢達成までの「時間」を短縮化するシステムなのです。

最後に、情報整理が必要な理由と重要性を、もう一度おさらいしておきましょう。

・情報整理は、時間を作るためにする。整理オタクを目指すものではない。
・情報整理をすると、大事なことと、そうでないことがわかるようになる。

・情報整理をして確保した時間は、大切な夢のためにポイント集中できる。
・情報整理をすると、アタマの整理になる。

どうでしょう？　「情報整理なんて、やらなくても生きてこれたし、これからもなくても平気だよ」と思っていた方も、「やっぱり、夢をかなえるためには情報整理は必要だなあ」と考えを改めたのではないですか？

もう少し付け加えるのなら、次のようなメリットもあげられるでしょう。

・情報整理をしておくと、安心して頭を空っぽにしておける。
・だから何事に対しても、頭をフル回転させて集中して取り組める。

第1章

クマガイ式情報整理「七つの原則」

私が二十年心がけている情報整理の基本ルール

1 「夢・目標の原則」

この章では、私の情報整理のバックボーンとも言うべき七つの原則を紹介します。

本書ではパソコンの整理術や手帳の整理術、ファイルの整理術についてご紹介していきますが、これらのすべての整理術のノウハウに共通するのが、この七つの原則です。具体的な情報整理のノウハウも大事ですが、それだけ紹介しても「何を狙ってやっているのか」がぼやけたままでは効果が期待できません。ですからこの章で情報整理の七つの原則を知っておけば、「このノウハウは『□□の原則』にかなったものだな」と、より深いレベルでそのノウハウを理解できることと思います。

また、具体的なノウハウだけを紹介するより根幹的な考え方を紹介した方が、実際に自分の情報整理をする際に応用が効くというものです。ということでここでは、私が二十年来心がけてきた情報整理の七つの原則をご紹介します。

その第一号は「夢・目標の原則」です。何度も繰り返しになるので恐縮ですが、それでも一番大切なことなので、あえてもう一度ここで声を大にして言っておきます。

夢のない情報には価値がありません。また、目標のない情報整理もムダです。

夢があるから情報には価値が生まれるのです。たとえ丸一年図書館にこもりっきりで本を読んでも、「なんのために」という夢や目標がなければ、そこで得た情報はあなたにとって役に立たないゴミも同然です。逆に夢があれば、誰かのなにげない一言を、あなたの人生を激変させる情報として活かせる可能性があるのです。

同様に、目標のない情報整理は時間と労力のムダです。私は、情報整理は絶対にやるべきだと思うのですが、情報整理オタクにはなるなと言っています。情報整理そのものに喜びを見いだしたり、凝りだしてはいけないということです。

情報整理は何の目的でするのか。それは夢・目標を達成するためです。「夢をかなえるための時間を増やすため」「結果を出すための時間を作るため」なのです。

もしこの「夢・目標の原則」を忘れて「情報整理のための情報整理」をしてしまったら、たとえ一見整理されているように見えても、その実、優先順位やカテゴリーが全然「夢をかなえるためにそぐわない、あまり役に立たない」ものになってしまっているでしょう。

2 「一箇所の原則」

情報は可能な限り一箇所にまとめる。これが「一箇所の原則」です。

集めた情報の整理場所は実にさまざまです。ノート、ファイル、手帳、バインダー、机の中、段ボール箱（?）、パソコンの中……。数えあげればキリがありません。でも情報は、いろんなところに散らばっているより一箇所に集まっていた方が検索スピードも速くなりますし、見た目も頭もスッキリします。だから、なるべく一箇所に集めるよう工夫するべきです。

私は、情報の整理場所を「手帳」「書庫」「パソコン」の三箇所に限定しています。書庫の中にはA４ファイル、本、メディア（音楽など）が収納されています。「一箇所の原則」というぐらいだから本当は一箇所に限定したいところですが、現実的な落としどころとして、この三箇所がベストだと考えています。

またパソコンの中も、多くの人はデスクトップ上に「ワードファイルボックス」「エクセルファイルボックス」「パワーポイントファイルボックス」「メールボックス」など、たくさんのフォルダが散らばっていると思います。

私の場合はパソコンの中でも「一箇所の原則」を適用していますので、非常にシンプルです。すべての情報を「メールボックス」とブラウザの「お気に入り」の中に入れています。

できれば、この二つもどちらかにまとめてしまいたかったのですが、現在の技術ではメールとブラウザの機能を一箇所にまとめることは難しいのです。

このように、現実的にはすべての情報を一箇所に集めることはなかなか難しいのですが、私は可能な限り一箇所に集めることにしています。

こうしておけば情報の散逸が防げますし、あとで検索する時にもどこを探せばいいか迷わずにすみます。

3 「サイズ・形統一の原則」

「一箇所の原則」に大いに関連するのが「サイズ・形統一の原則」です。

新聞や雑誌などの紙媒体の情報整理が混乱する要因の一つに、情報のサイズ・形が不揃いである点があげられます。この混乱を回避するために、すべての紙媒体の情報を手帳（バイブル）サイズとＡ４サイズで統一してしまうのです。

一般的な紙媒体の情報には、Ａ５、Ａ４、Ａ３、Ｂ５、Ｂ４等、さまざまなサイズ・形があります。新聞情報は記事のボリュームによって異なりますし、雑誌情報にはＡ４版変型なんてのもあるほか、小さなリーフレットから大きなカタログまで、実に多種多彩です。

そのため、項目別に整理しようとする時に、はたと困ってしまいます。「テーマ別に整理したいけど、一番大きなサイズに合わせたファイルを使うと、小さな資料が埋もれてしまう。かといって小さなファイルにすると、大きな資料がはみだしてしまう。ならば大きさ別に整理しようか。でもそうすると同じテーマの資料があちこちに散在して、探すのに苦労しそうだ」

考えあぐねた末に「やっぱり整理は面倒だ」と投げ出した経験をお持ちの方も少なくないでしょう。私も悩みました。そして「情報整理はサイズの統一から」という結論にたどり着いたのです。

私は、手帳の大きさ（バイブルサイズ）とＡ４の大きさに、入手したすべての紙情報のサイズを統一することに決めました。

まず手帳サイズに統一した理由についてですが、私は手帳に自分の夢について書き込んでおり、いつも手帳を肌身離さず持ち歩いているからです。またバイブルサイズというのは、私にとって持ち運びが苦にならず、そこそこ情報量も書き込めるベストサイズなのです。

パソコンでエクセルを使って作成したスケジュール表やパワーポイントによる資料などは、どうしてもＡ４やＢ４の大きさになりがちですが、こういった資料も縮小コピーしたり折り畳んで、手帳に入れて持ち歩いています。

これより大きな新聞や雑誌の記事を手帳に綴じ込む場合は、見出しや記事の日付が見えるようにして、設計会社が実践している地図の折り方の要領で、記事を折り畳みます。折り畳み方の一例を、43Ｐで図解しておきますので参考にしてください。

もう一つのサイズであるＡ４は、現在の世の中で出回っている文書のスタンダードサイズがＡ４であるという単純な理由から、これに統一することに決めました。

それより小さなサイズの資料は、Ａ４サイズのクリアファイルに入れて保存しますし、新聞や雑誌の記事は、大きさや形にかかわらずＡ４の用紙に貼ります。

それより大きければ、手帳に収納するときと同様に折り畳めばすむことです。パンフレットやカタログ類も同じです。紙資料は折り畳めるので、簡単にＡ４サイズに〝変型〟可能です。

また、もっと大きな資料なら、重要な部分をＡ４用紙にコピーしてファイリングするという手があります。その際はファイルに「元本は書棚」などとメモしておくといいでしょう。

このように、各種情報のフォーマットを統一すれば、情報の整理やコントロールが格段に楽になります。

A4サイズの紙をバイブルサイズに折り畳む手順

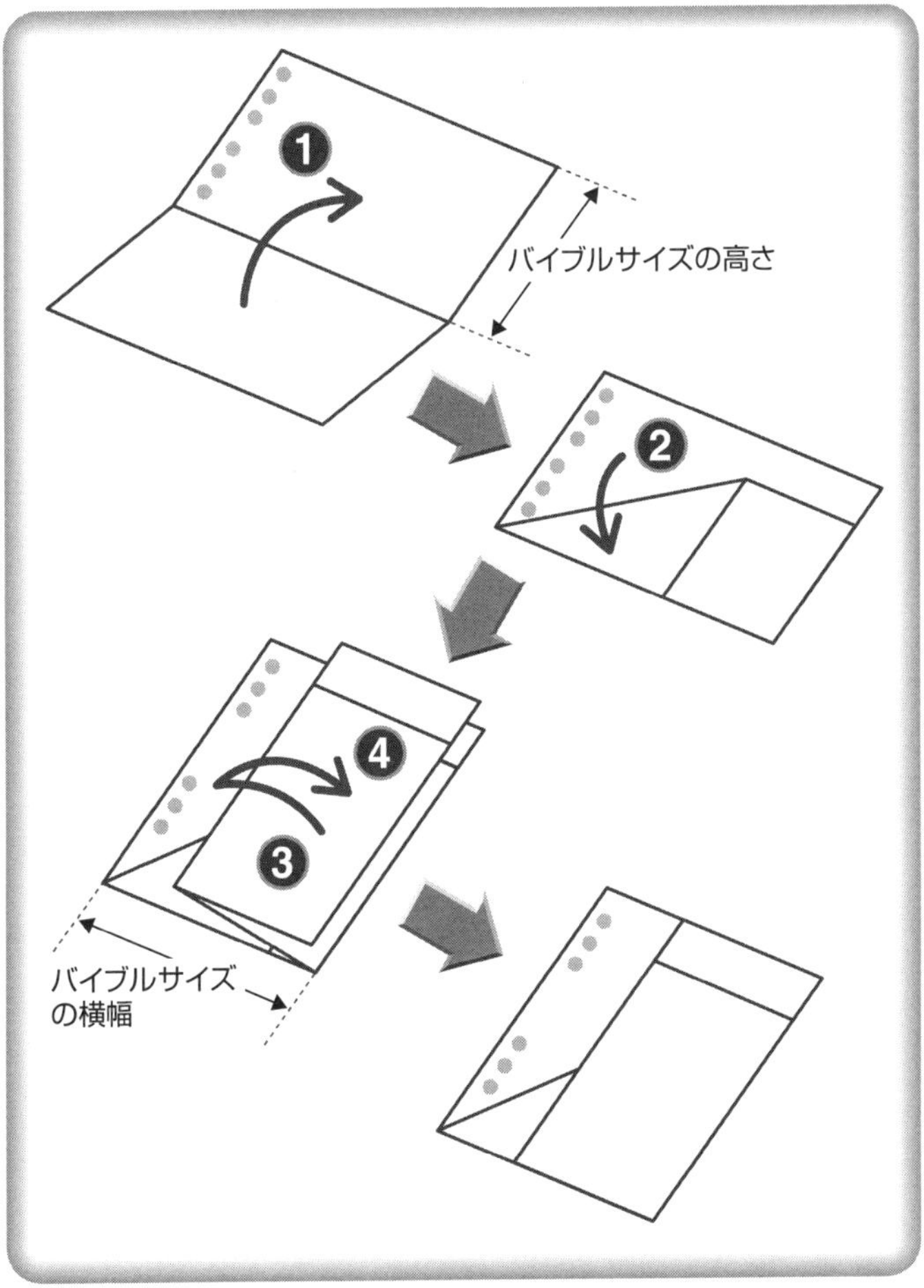

4　「日付・情報元の原則」

これは主に、紙媒体の情報の収集、整理で気をつけるべき原則です。「日付のない情報には価値がない」と、私は考えています。だから私は、情報には必ず日付を記入しています。これは基本中の基本です。

日付がないばかりに古いデータとは知らずに利用してしまった、というような経験はありませんか？　あるいは、作成する資料に格好のデータを見つけたものの、いつ発表された数字かを調べるのにとても時間がかかった、なんて経験はありませんか？

情報というのは、発信時期の時代背景も含めて、活用しなければ意味がないのです。

また、日付を付けておくことは、あとで情報を検索するためにも大変重要なことです。日付さえ入れておけば、「〇月×日の商談に使った資料が今回もそのまま使えるのに、全部の商談の資料を日付も入れずにごちゃごちゃにまとめたために、探し出すのに一苦労だ」といったことが防げます。

また、社員や部下に依頼した件が放置されているような場合、密かにミーティングのメモを見て「○月×日のミーティングで指示した、あの件だよ」と指摘することもできます。

少々意地悪な使い方ですが、私の手帳にはすべてのミーティングの記録が詰まっているので、言い逃れはききません。誰かに依頼した業務内容を日付付きでデータ化しておくこともまた、人を上手に使う有効なワザだと言えるでしょう。

そして日付と同様、情報の入手元（出典）も必ず明記しておきましょう。情報は、「誰が発信したものか」がハッキリしなければ説得力がありません。また、同じ情報でも発信者が変わることで、その意味やとらえられ方が変わることも多々あります。

ですから私は、必ず情報には入手元も記入しています。たとえば新聞情報などは、日経新聞は「ＮＫ」、日経流通新聞は「ＮＲ」といった具合に略号を決めておけば、記入する手間はそんなにかかりません。

発信する情報にも、入手した情報にも、利用する情報にも、必ず日付と情報元を付けることを習慣にするようにしましょう。

5 「インデックスの原則」

紙の情報でもデータ情報でも、自分でつけたインデックス（見出し）を忘れてしまったがために、情報が行方不明になることは少なくありません。インデックスのつけ方は大変重要です。インデックスのつけ方一つで、その後の検索スピードが大きく変わるのです。

そこで登場するのがクマガイ式「インデックスの原則」です。あとでさまざまな角度から素早くその情報にたどり着くこと（クロスリファレンス→P48）ができるようなインデックスをつけておく、という原則です。

実際にどんなことを書いておくのかというと、「頭文字のア行」「頭三文字」「件名」「備考・詳細」です。これだけ書いておけば、どこからでも素早く情報にたどり着けます。

まず最初に決めるのは「件名」です。あまりゴチャゴチャと考えずに、一番最初にパッと思いついたキーワードを件名として書いてください。というのも脳の性質上、

クマガイ式インデックスのつけ方

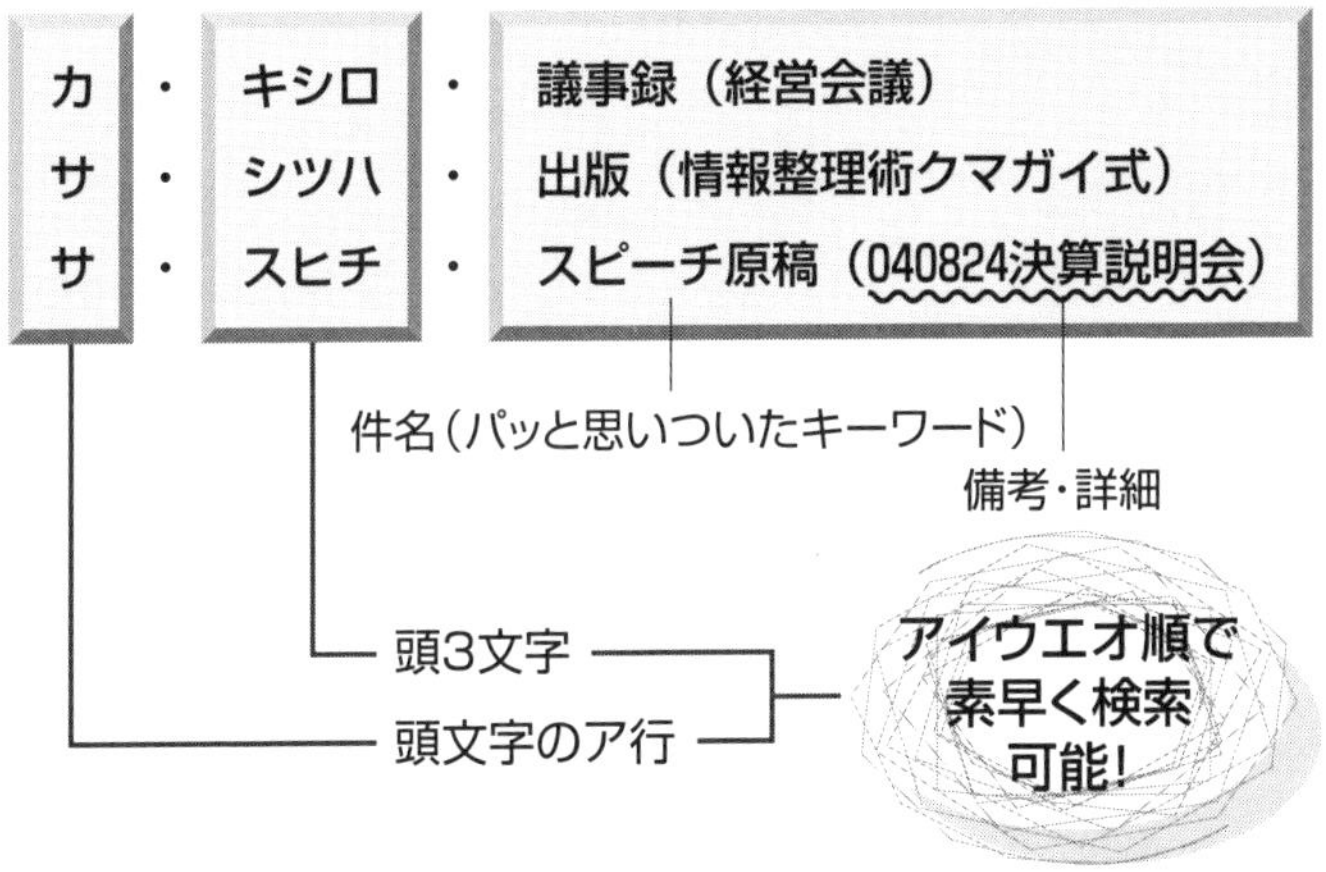

整理する時にパッと思いついたキーワードは、思い出す時にもパッと思い出す確率が高いからです。

件名が決まったら、その「頭文字のア行」「頭三文字」をインデックスの冒頭につけておいてください。私の経験上言えることですが、アイウエオ順で整理された情報が、一番効率よく検索できるようです。

紙情報のインデックスの場合は、最後に日付を入れておくと、日付からも素早く検索することが可能です。

パソコンのファイルの場合は、日付は自動的にスタンプされるのでとくに書く必要はないでしょう。

6 「クロスリファレンスの原則」

「クロスリファレンス方式」とは、一つの情報を複数の条件から検索できるシステムのことです。クマガイ式情報整理術では、手帳とA４ファイルとパソコンに格納されている情報を、「時系列」「アイウエオ順」「目的別」のどこからでもすぐに検索できるように整理しています。

わかりやすい例として、私が以前やっていた名刺のファイリング方法をご紹介しましょう。私は誰かから名刺をいただくと、コピーを三枚とるようにしていました。そして、同じ人の名刺コピーが三枚ずつできあがるので、それぞれを会社名・氏名・時系列別にアイウエオ順で整理しているA４用紙に貼っておきました。

たとえば「ＧＭＯインターネットの熊谷正寿と二〇〇四年十二月三日に会った」という場合、一枚を会社名ファイルの「し」の用紙に、一枚を氏名ファイルの「く」の用紙に、一枚を時系列ファイルの「二〇〇四年十二月三日」の用紙に振り分けておいたのです。

クロスリファレンス方式の例（名刺の整理）

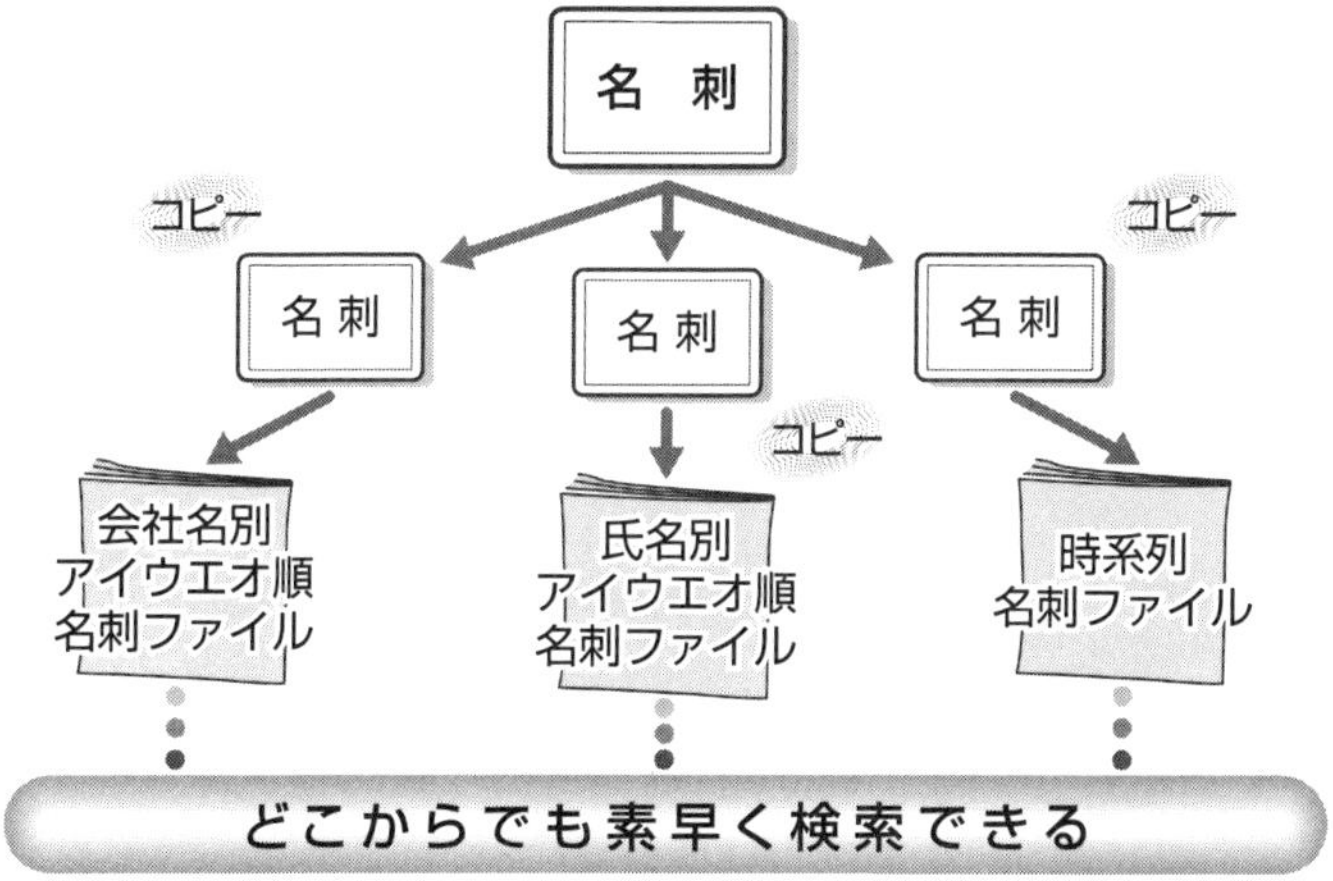

こうすることで、会社名・氏名・会った日付、三つの条件のどこからでも、簡単に目的の名刺が出てくる仕組みにしていたのです。

もっとも、名刺情報に関しては、今はパソコンの名刺管理データベースで管理し、容易に検索できるようにしています。コピーをとってＡ４用紙に貼る、ということは今現在はやっておりません。

ですが、このクロスリファレンス方式という考え方は、あらゆる情報整理に応用できる考え方です。この方式で情報を整理する手間を惜しまないことが、検索スピードの向上につながるのです。

7 「一件一リフィルの原則」

これは、とくに手帳にメモをとる時の原則です。議題や話題一件に対し、一枚のリフィル（紙）を使用するという原則です。

もしリフィルの半分までしかメモが埋まっていなくても、二件目のテーマに話題が移った場合は、二件目の続きに書くのではなくて新しいリフィルに書くのです。

なぜなら、一枚のリフィルの中に複数のテーマのメモが書きつけてあると、あとで検索のしようがないからです。私は、あとでクロスリファレンス方式ですぐに情報が検索できるように、リフィルの右上に必ずインデックスをつけるのですが、それができなくなります。だから「一件一リフィルの原則」が必要なのです。

リフィルの上の方にだけ少しメモが書いてあり、下半分や裏面が真っ白だともったいないから二件目のテーマも続きに書き入れたいという心情もわかりますが、ここは紙のコストよりも時間のコストを惜しんで、新しいリフィルを用意してください。

七つの原則のまとめ

- 夢・目標の原則――情報整理のための情報整理はしない
- 一箇所の原則――情報は一箇所に集めるほど検索が効率的
- サイズ・形統一の原則――すべての紙情報をバイブルサイズとＡ４に統一
- 日付・情報元の原則――これがない情報は価値がないと心得る
- インデックスの原則――一番効率の良い情報整理はアイウエオ順
- クロスリファレンスの原則――情報はさまざまな角度から検索できるようにしておく
- 一件一リフィルの原則――紙のコストより時間のコストを惜しめ

8 情報整理は手間がかかるくらいでよい

情報整理は確かに手間がかかります。しかし、この手間そのものも実は重要なメリットを持っています。それは「繰り返し情報に接する」というメリットです。

私は新聞や雑誌などで気になる記事を見つけたら、赤ペンで囲ってハサミで切り抜き、A4ファイルや手帳に綴じ込みます。つまり一つの情報を見つけてから、整理するまでに、

「(赤ペンで) チェックする」
「(ハサミで) 切り抜く」
「(A4用紙に) 貼る」
「(A4ファイルに) 綴じ込む」

という4つの工程が必要なのです。読者のみなさんは、これを聞くと「手間も時間もかかって大変だな」と思うかもしれません。

しかしこの工程、この手間は決して省いてもよいムダではないのです。

「記事をスキャナで取り込んでハードディスクに入れる方が、早いし便利だ」

こういう勘違いがあるのも仕方がないかもしれませんが、これは危険な発想です。

情報整理には確かに「あとで容易に素早く検索するため」という目的があるのですが、もう一つ大きな裏の目的があるのです。それは「情報への接触頻度を高める」ということです。「繰り返し情報に接触する」という目的です。

人間は大脳生理学的に言っても、一度見た情報よりも複数回見た情報が記憶に残ります。そして問題意識を持ちながら情報整理をすれば「チェックする」「切り抜く」「貼り込む」「綴じる」というそれぞれの段階で情報に接することができます。こうすれば、自然に頭の中に情報が刻み込まれ、あとで自然に思い出せたりキーワードを見るだけで思い出せるようになります。

この手間をスキャナなどを使って省いてしまうと、情報はあなたの頭をスルーしてパソコンというブラックホールに直行。あなたの中には「情報を手に入れたぞ」という安心感しか残らず、そうなると新しい発想や思考は生まれません。

実を言うと私自身も、このＡ４ファイルの整理を以前は自分でやっていたのですが、最近は秘書さんにまかせ気味です。最近、情報に対する感度が鈍っているなと思うこともあるのですが、それは老化のせいだけでないのではと反省しきりです。

第2章

クマガイ式情報整理術［デジタル編］

一日に五百件のメールを処理する私のパソコンの整理法

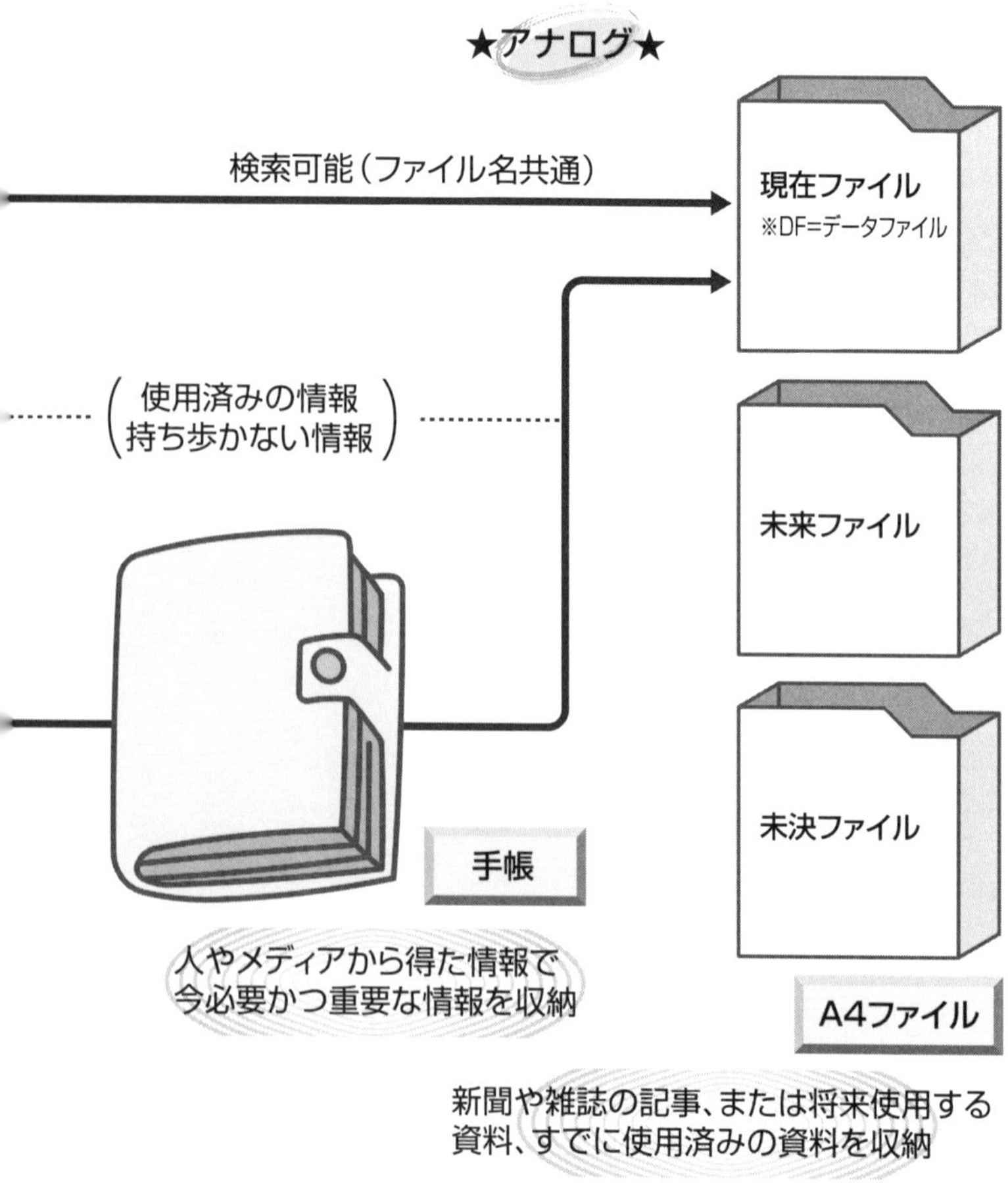
★アナログ★
検索可能（ファイル名共通）
現在ファイル
※DF=データファイル
使用済みの情報
持ち歩かない情報
未来ファイル
未決ファイル
手帳
人やメディアから得た情報で
今必要かつ重要な情報を収納
A4ファイル
新聞や雑誌の記事、または将来使用する
資料、すでに使用済みの資料を収納

クマガイ式情報整理システム（デジタル）

★デジタル★

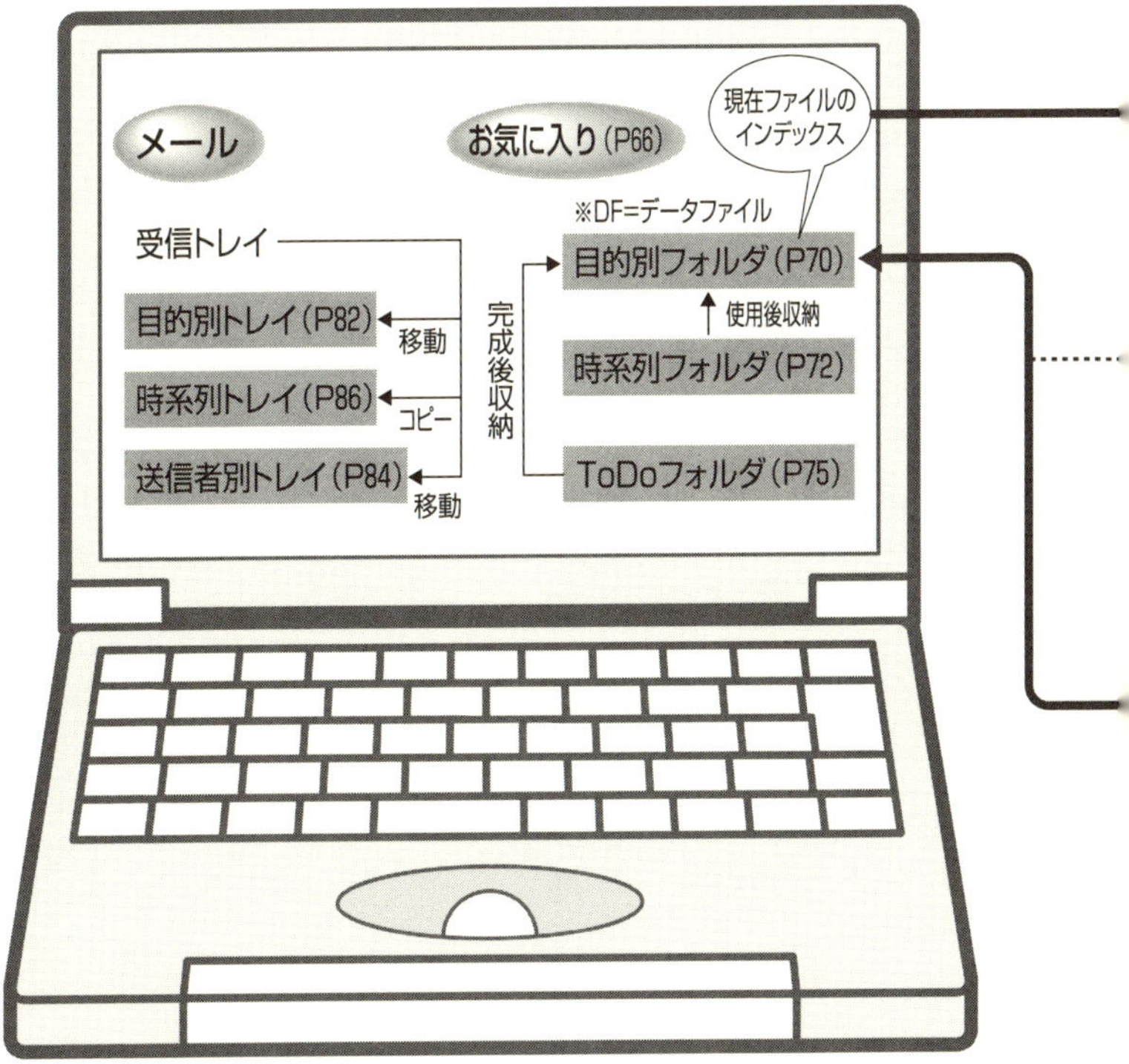

パソコン

アナログでは収集できない情報を収納

1 「手帳」「A4ファイル」「パソコン」は情報整理の三種の神器

私には「情報整理の三種の神器」があります。「手帳」「A4ファイル」「パソコン」という三つのツールです。基本的に私の情報整理は、この三つで完結しています。

まず一つめのツールが「手帳」です。ここには、メディアと人から得た情報のうち、いま必要でかつ重要なものがすべて収納されています。私は、夢をかなえるためには手帳は欠かせないアイテムであることを前著『一冊の手帳で夢は必ずかなう』に書きましたが、情報整理においても手帳は、心臓部ともいえる役割を果たします。

使っているのは、バインダー式でバイブルサイズのファイロファクス社製システム手帳です。いろいろ試しましたが、大きさとして持ち歩くのにちょうどよく、ページの増減が自由にでき、会議や商談のメモを記載するのに十分なスペースがリフィルで確保できる、ということからこのサイズに落ち着きました。

二つ目のツールが「A4ファイル」ですが、ここにはおもに新聞や雑誌から収集した記事と、会議や講演会などに使う（使った）資料、書類を収納しています。もう使用済みか、これから先に必要になるか、いずれかの情報が中心です。

使用済みの情報は「現在ファイル（ＤＦ＝データファイル）」として、テーマ別にボックスファイルに整理しています。クロスリファレンスで整理しているので、十年前の資料でもすぐにトレースできます。

これから先に必要になる資料や情報は、「未来ファイル」に整理・収納しておきます。これは、その資料や情報を見るべき時が来たら、自動的に取り出して活用できる仕組みになっています。

またＡ４ファイルには「現在ファイル」「未来ファイル」の他に「未決ファイル」というものがあります。ここには、まだ未完成で然るべきところに収納・整理するべきではない資料やファイル、またはどこに収納するべきかまだ判断しかねる資料などを暫定的に収納しておきます。

そして最後の情報整理ツールが「パソコン」です。パソコンは電子ファイルの収納庫です。文書やデータの多くがデジタル化された現在、アナログ方式でしか収集・整理できないものを除いて、パソコンには大量の情報が収納されています。

またパソコンは、すぐれた情報整理ツールであると同時に、ホームページの閲覧等に欠かせない情報収集ツールでもあり、メールを介したコミュニケーションツールでもあるので、とくに整理に気を使うところです。

私は以上の三つ――「手帳」「Ａ４ファイル」「パソコン」を情報整理の三種の神器として活用していますが、これらは個々に機能しているのではなく、連動して利用できる環境にしてある点が「クマガイ式」最大の特徴です。

たとえばパソコンの中の目的別ファイルにある、Ａ４ファイルの現在ファイルのインデックスを見れば、どんな情報がどのファイルに整理されているかが検索できます。このインデックスに記載しているのは、私が二十年にわたって収集した情報です。一つのテーマについて時系列に沿って情報を閲覧することも可能です。

ところで、私がＩＴ系ベンチャー企業の経営者であることから、よく「情報整理はノートパソコンで一元管理しているのでは」と誤解されることもあります。

しかし私は、情報整理については今のところ、アナログ（手帳・Ａ４ファイル）とデジタル（パソコン）を、あわせて使っています。

この章ではまず、パソコンの情報整理について紹介することにします。

2　ＩＴ時代の情報整理のススメ

パソコンは本来、仕事の迅速化と効率化に貢献するツールです。そして情報整理の分野でも、パソコンの持つ「大容量記憶」「高速処理」機能は絶大です。

これをうまく使えば、パソコンが登場する前には考えもできなかったような高度な情報整理が可能になり、それによって「探し物」の時間、つまり時間のムダ遣いを大幅に削減し、夢を実現するためによりたくさんの時間を手に入れることができるはずです。

しかし周囲を見回してみると、パソコンの登場により「時間が増えた」と感じている人はあまりいないようです。多くの人が、机の引き出しや鞄の中をゴソゴソと引っ掻き回すような感覚で、パソコンの中身をあちこち覗きながらファイルを探し、せっかくの〝浮いた〟時間をチャラにしているように思います。

しかもパソコンの利便性とスピードに目が奪われ、時間をムダ遣いしていることに気づいてもいないのが現状のようです。そもそも「パソコンの中にある情報を整理する」という発想がないのかもしれません。

というのも、紙の情報は溜めれば当然、整理しなければ保存場所の確保もできません。しかしパソコンにはハードディスクというほぼ無限大ともいえるほどのスケールの〝保管庫〟があるからです。

リアルな世界では、机が書類の山になると仕事をするスペースがなくなります。しかしパソコンでは、どんなにたくさんの情報ファイルをいいかげんに放り込んでおいても、文書を作成したり情報検索をしたりする画面が小さくなるということはありません。

また、ファイルが行方不明になることはよくあるけど、検索すればいずれ見つかるので別に整理しなくても困らないとタカを括っている人も多いと思います。アナログ情報の整理は上手なのに、パソコンには無頓着という人も相当数おられるようです。

しかし、パソコンの中の情報やファイルを整理する「デジタル情報整理術」を身につけることは、二十一世紀を生きる私たちにとっては大変重要なことです。倉庫が大きければ大きいほど、収納する荷物を分類して整理しなければ仕事の収拾がつかなくなるのと同じで、パソコンのハードディスクが広くて深い巨大な倉庫だからこそ、しっかりとしたデジタル上での情報整理が必要なのです。

ところで、ＩＴ分野はドッグイヤーと呼ばれるほど技術革新が目覚ましく、次々と新しいツールが世に送り出されています。たとえば今、ＩＴのオピニオンリーダーたちから注目を集めている「デスクトップ検索」もその一つです。これは、ハードディスクやネット上からあらゆる情報を瞬時に検索してくれる新しいツールです。現在、グーグルやヤフー、マイクロソフトが力を入れて開発しています。

こういった新しい情報検索ツールが次々に登場することを踏まえ、「今後ＩＴが進化すれば、情報整理という概念が薄れてくるのではないか」と考える人もいるようですが、私はそうは思いません。

というのも、情報整理には「情報検索時間を短縮する」という目的の他に、「情報に触れることで自分の思考を整理する」という目的があるからです。第１章の最後の「情報整理は手間がかかるくらいで良い」でもお話ししたように、情報への接触頻度が高いほど、その情報の理解や記憶は自分の頭に刻み込まれ、有効に活用することができるのです。

確かにＩＴ技術の革新により、情報の検索時間はどんどんツールによって短縮化されていくでしょう。しかし、情報に触れる機会を持つことで思考を整理するためにも、やはりどれだけ技術革新が進もうとも情報整理は必要でありつづけるのです。

3 すべてのファイルをブックマークとメールで集中管理する

ここからは具体的に、私のパソコンでの情報整理のノウハウをお教えします。使っているのはウィンドウズＯＳです。

パソコンには、たくさんのフォルダやファイル、アプリケーションが存在します。みなさんはこれらを、どのように整理していますか。

クマガイ式情報整理の七つの原則に「一箇所の原則」というのがありました。私はもちろん、パソコン上にもこの原則を適用しています。どういうことかというと、すべてのフォルダやファイルなどを一箇所に集めているのです。

どこに集めるのか？　それは、ブックマークです。ブラウザのブックマークです。「お気に入り」と言った方が、わかりやすいかもしれません。

ブラウザの「お気に入り」というと、よく見るホームページのＵＲＬを入れておくところだとばかり思われているようですが、ここにはあらゆるファイルを入れておくことができるのです。これは意外と知られていないワザで、聞いた人はみな一様に

「え～ッ！「お気に入り」にワードもエクセルもパワーポイントも入っちゃうの？」と、目をまん丸くします。

実は「お気に入り」は単なるフォルダであって、アプリケーションソフトではありません。ですから、オフィスのキャビネットに紙の資料やカセット、CD、ビデオ等、さまざまなモノを収納する感覚で使えるのです。

ただし大変残念なことに、メール機能だけは「お気に入り」に入れることが困難です。本当はメールも「お気に入り」の中に入れて一元管理したいのですが、今のところ、機能上難しいのです。

ですから私は、パソコンの中のファイルやフォルダはすべて「お気に入り」（インターネットエクスプローラーのブラウザ）に、メールはメールソフト（アウトルック）にという具合に二元管理しています。

ゴミ箱などを除いてこれ以外に余計なフォルダがないので、私のパソコンのデスクトップ画面は大変シンプルです。そして何かの情報を探す時は、メールソフトの中か、「お気に入り」の中を探せば必ず見つかります。

その二箇所以外に、探すところはないのです。見た目にもスッキリしますし、ファイルを探す時にも、探す場所で悩むことはなくなります。

4 「お気に入り」の中に三つのフォルダを作る

メールをのぞく、すべての情報（ファイルやフォルダ、アプリケーション）を「お気に入り」で管理する。まずこのことを理解していただけたでしょうか。

では次に、どのように「お気に入り」の中で具体的にフォルダを整理するのかをご説明していきましょう。まず最初に「お気に入り」の中に、三つのフォルダを作成します。「目的別」「時系列」「TODO」の三つのフォルダです。そして、この先どんな情報を入手しようと、すべてこの三つの中に入れていくことにしましょう。

ところで「お気に入り」の中にフォルダを作れと言われても、ピンとこない方がいるかもしれませんね。パソコンに習熟されていない方にとってはなおさらでしょう。

ここでまず、「お気に入り」の中にフォルダを作る方法を説明しておきましょう。

方法は左の図のとおりです。実際にやってみればわかりますが、ものの10秒もかかりません。

お気に入りにフォルダを作成する方法

①「お気に入り」→「お気に入りの整理」をクリック

②「フォルダの作成」をクリック。名前をつける。

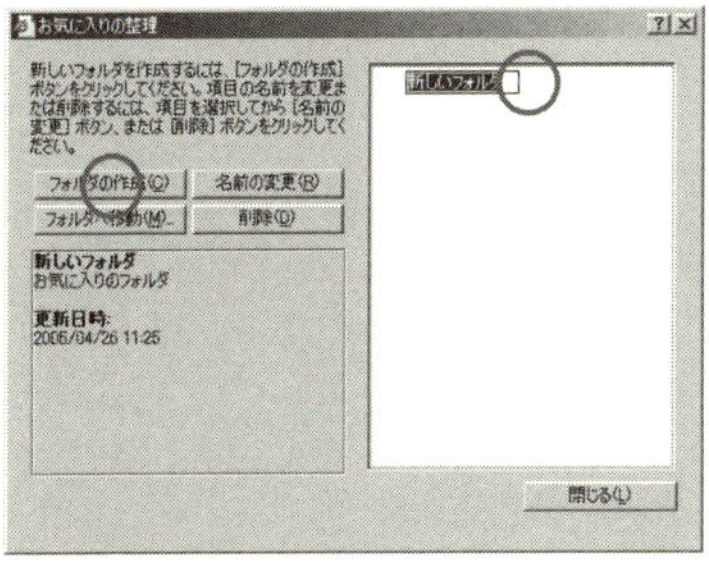

③フォルダの作成完了。

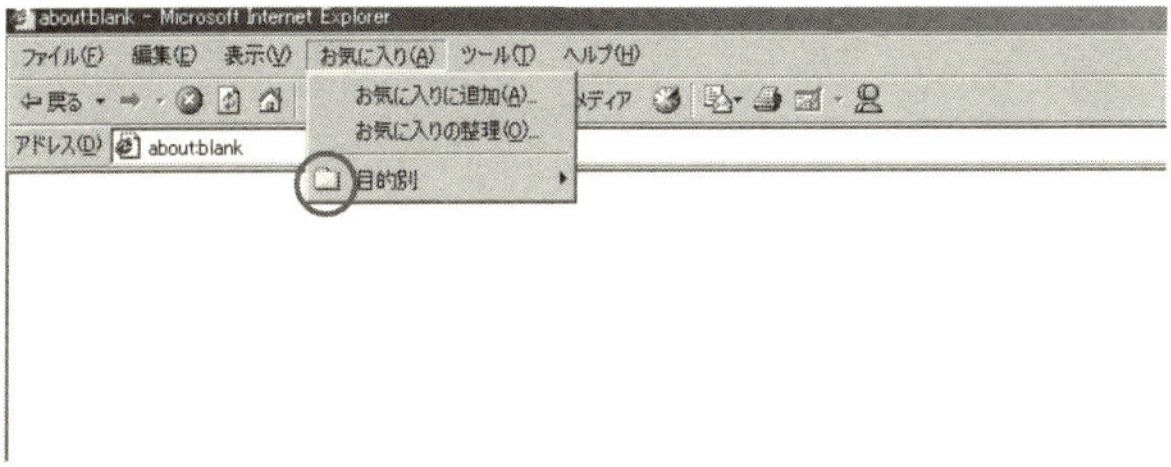

あるいは、「お気に入り」ウィンドウ内のいずれかのファイル上で右クリックメニューを表示させ、「新しいフォルダの作成」を選んでもかまいません。また、新しいフォルダを作って、別のフォルダのところにドラッグすれば、フォルダをフォルダ内に納めることができます。構造的には、フォルダがツリー状に連なるエクスプローラーを思い浮かべていただくといいでしょう。

パソコンの構造を表示するエクスプローラーでは、フォルダ横の［＋］をクリックすると、［＋］が［－］に変わって、そこに格納されているフォルダが下にズラリと表示され、右ウィンドウにはフォルダまたはファイルのアイコンが並んで表示されます。そして、［－］をクリックすると、元の大きなフォルダだけの表示に切り換わります。

作成したフォルダは、クリック一つで消したり、表示させたりできます。つまり、必要ない時は「目的別」「時系列」「ＴＯＤＯ」フォルダだけを表示させておけば、省スペースになるわけです。

フォルダの作成や階層化は、最初は煩雑な操作と感じるかもしれませんが、慣れればどうってことはありません。一度構造を作ってしまえば、簡単に新しいフォルダを追加・整理できますし、フォルダの増減も自在です。

ちなみに、フォルダやファイルを削除する場合は、目的のフォルダまたはアイコン

どこからでもアクセスできる3つのフォルダ

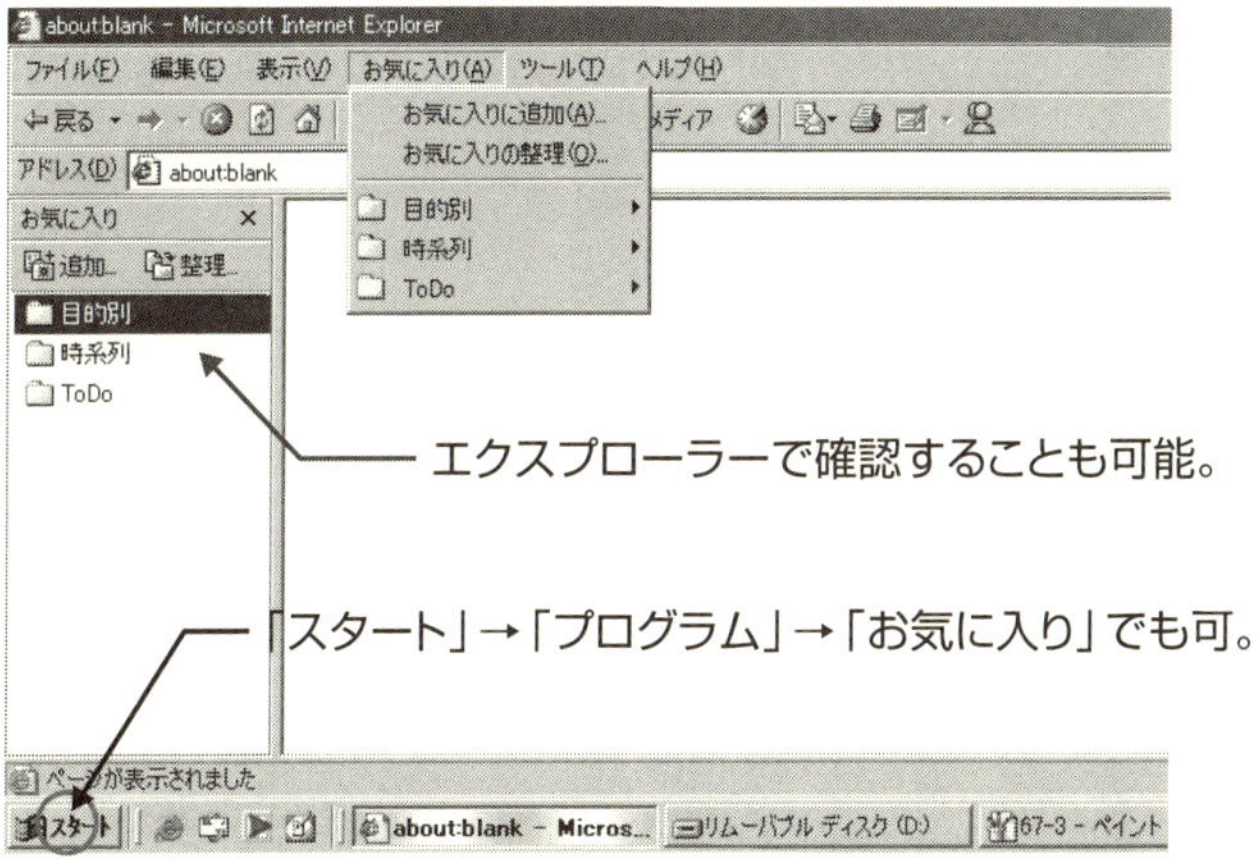

を選んで右クリックし、「削除」を選ぶだけ。不要になった情報ページを一発で消すことができます。

では次に、この作成した「目的別」「時系列」「ＴＯＤＯ」の中に、具体的にどんなファイルやフォルダを入れて情報を整理していけばいいのかをご紹介しましょう。

5 ファイリングの役目を果たす「目的別フォルダ」

目的別フォルダの中には、何らかの目的に応じたフォルダを作成し、それに関するファイルを入れます。学生さんが「国語」「数学」「英語」などの課目ごとにバインダーを作り、その中にそれぞれの課目の参考資料やテストの答案などを入れておくのと同じ要領です。

私の場合、仕事で使う通常のファイルはすべて目的別フォルダに一まとめにしています。このフォルダの中にさらにフォルダを作って階層化して、それぞれに関連するファイルを入れていくのです。

入れ方は簡単で、各種アプリケーションソフトで作成した文書を、いったんデスクトップに保存してから、目的のフォルダにドラッグしてくればいいだけです。

どんなフォルダを作るのかは人それぞれですが、事業別、プロジェクト別、人別、会社別など、目的にあわせて自由に作って結構です。

私の場合、「人事」「M＆A」「組織」「IR」などのフォルダを作り、必要ならその

目的別フォルダの中の階層

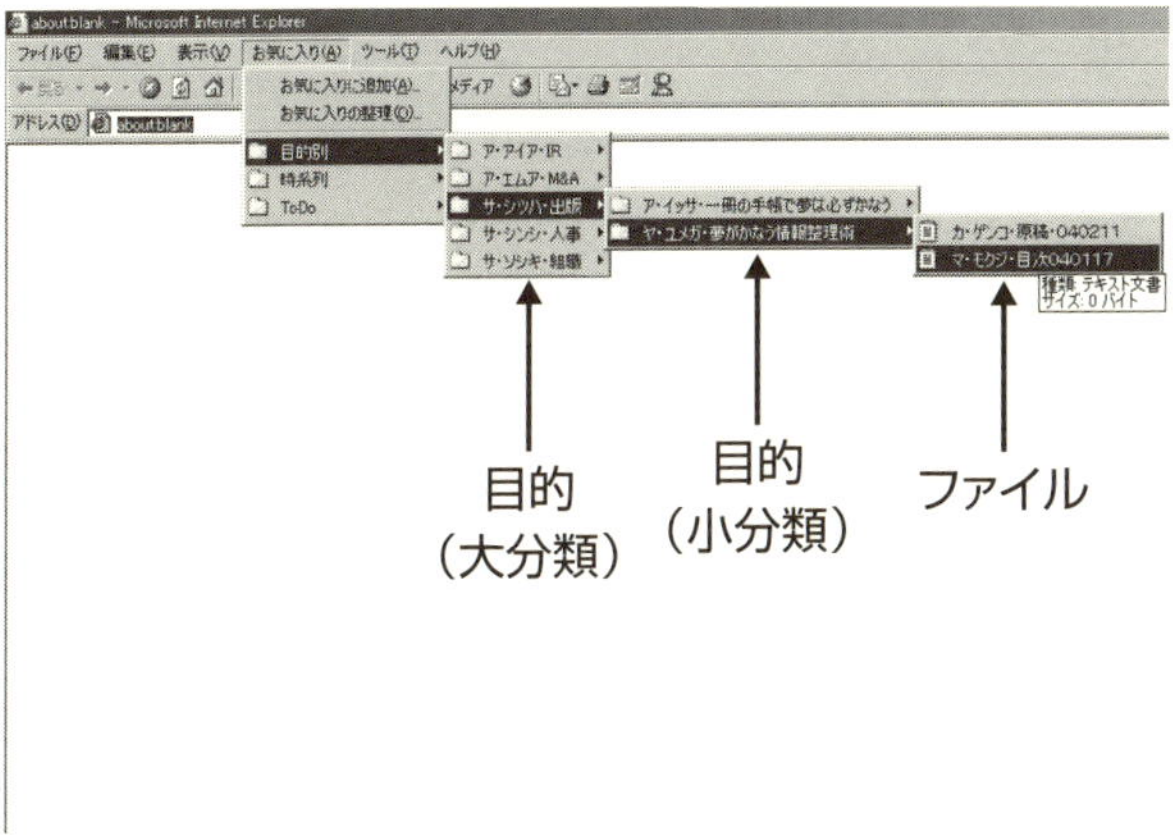

フォルダからさらにフォルダを枝分かれさせ、最終的なフォルダにあらゆるファイルをまとめて放り込んでいます。

こうしておけば、どこにどんなファイルがあっても楽に探すことができます。いろんなフォルダをカチカチとダブルクリックして開けていかなくても、マウスをスッと横に移動させていくだけで、たちまち目的のファイルにたどり着くことができます。

もっとも、目的別フォルダの中のフォルダやファイルの数がどんなに多くなっても困らないようにするために、アイウエオ順で中を整理させておく必要があります。そのためのインデックスの付け方については47Pを参考にしてください。

6 行動予定やルーチンワークが入っている「時系列フォルダ」

「時系列フォルダ」には、この先将来使うファイルやフォルダを入れておきます。そして、それを使う当日が来たらそのフォルダを開いて必要な情報を取り出して使用するのです。将来使う情報をストックできる、アラーム付きカレンダーのようなフォルダです。ルーチンワークで使う情報の整理保管に役立ちます。

使い方としては、まず「時系列フォルダ」の中をさらに三つのフォルダに分岐させます。「毎日フォルダ」「毎週フォルダ」「毎月フォルダ」です。

「毎週フォルダ」の中はさらに「月曜日」から「日曜日」フォルダに分岐させます。「毎月フォルダ」の中は必要に応じて「月初」「月末」などのフォルダに分岐させます。場合によっては「1日」から「31日」まで作成する必要があるかもしれません。

こうしてフォルダを分岐させてから、たとえば私の場合、定期的に見るホームページについて、「毎日見るべきホームページ」「毎週水曜に見るべきホームページ」「毎月十五日に見るべきホームページ」といった具合に、そのホームページのURLを、時

時系列フォルダの中の階層

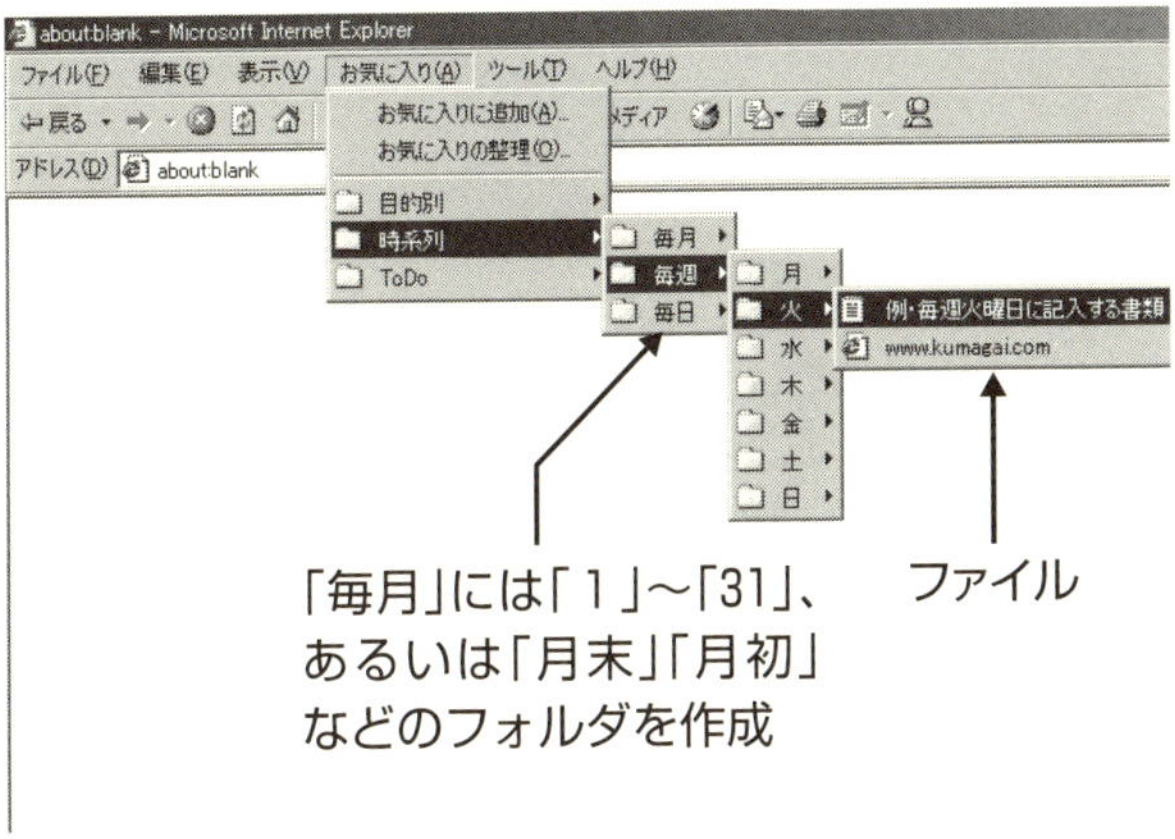

系列で整理した各フォルダに放り込んでいます。

このようにしておけば、機械的にその日が来たらフォルダを開いて、その中のチェックすべきホームページにアクセスすることができます。こうしておけば、ホームページを確認することを忘れることはありません。ホームページの閲覧については自動巡回サービスもあるのですが、私はこの「時系列フォルダ」の利用の方が合理的だと考えていますので、これとRSS（P192）を併用しています。

また、ホームページだけでなく、定例会議などで使用する資料のファイルなども、この「時系列フォルダ」に入れておくと便利です。

たとえば、毎週月曜日に会議があるのなら、来週の月曜日の会議に使いそうな資料を「時系列フォルダ→毎週フォルダ→月曜日」の中に入れておくのです。

ここに入れておけば、事前に資料のファイルをもらっても、その中に放り込んでおいて当面は忘れてしまって良いわけです。そしてその日が来れば無条件にフォルダを開けて中の資料を取り出すので、当日になって「今日必要な資料、どこに保存したっけ?」と慌てる心配もなくなります。

毎月月末に提出しなければいけない報告書のフォーマットを、「毎月フォルダ」→「月末」に入れておく、という使い方もできます。

もっとも、ホームページなどとくに見る日を決める必要がなければ「目的別フォルダ」に「ホームページ」というフォルダを作り、そこから「エンターテインメント情報」「交通情報」「金融情報」等、フォルダを分岐させてもいいでしょう。

ここでご紹介している時系列フォルダの作成例は、あくまで一例です。読者のみなさんは自分の仕事や生活サイクルにあわせていろいろとフォルダを作成・分岐させてください。

時系列フォルダをしっかり作っておけば、まだ今は必要のない資料についてはきれいスッキリ忘れて、必要になった時には自動的に手元に資料が揃うようになります。

7 しかかりのファイルを入れる「ＴｏＤｏフォルダ」

最後のフォルダ「ＴｏＤｏフォルダ」には、現在進行形のフォルダやファイルを入れておきます。いわゆる「しかかり」のものを、ここに収納しておくのです。そして、ここを開ければ、今やらなければならないことがすべてわかるようにしておくのです。たとえば、来週の火曜日のミーティングまでに作成しておかなければいけないパワーポイントの資料があるとします。今日作成に着手したけど、まだ未完成で明日また続きを作成しようという時には、この「ＴｏＤｏフォルダ」に入れておくのです。

資料が完成してしまえば、「時系列フォルダ」→「毎週フォルダ」→「火」のフォルダに入れておきます。そして、当日が来て使い終わったファイルは、「目的別フォルダ」の「会議」など、然るべきフォルダに整理します。

ＴｏＤｏフォルダは、今まさに自分が関係していて、処理しなければいけないファイルやフォルダが入っているフォルダです。言い方を変えれば「ＴｏＤｏフォルダを空にすること＝仕事を片付けること」ということになります。

時系列フォルダ

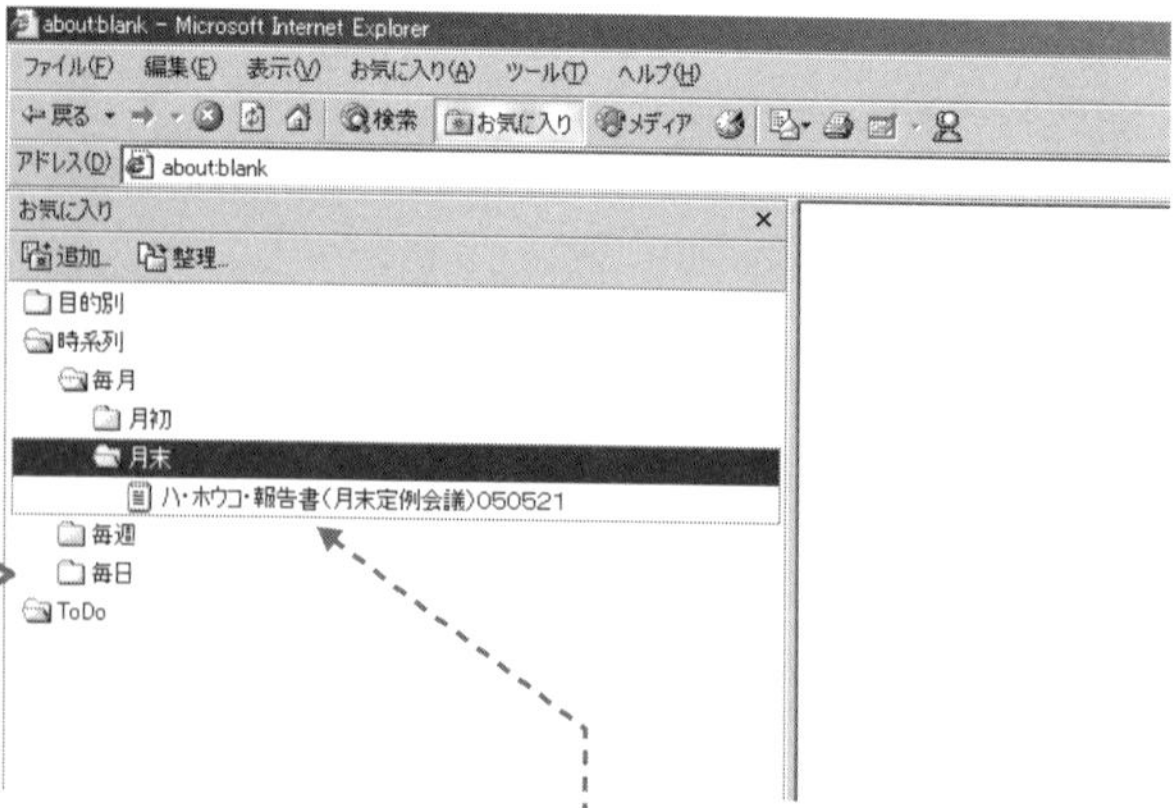

完成した月末定例会議の報告書を「時系列フォルダ」→「毎月」→「月末」のフォルダに入れる。月末になったら機械的にこのフォルダを開け、報告書を使用する。

しかかりのファイルを入れるToDoフォルダ

【例】今月末に開かれる定例会議の報告書を整理するケース

ToDoフォルダ

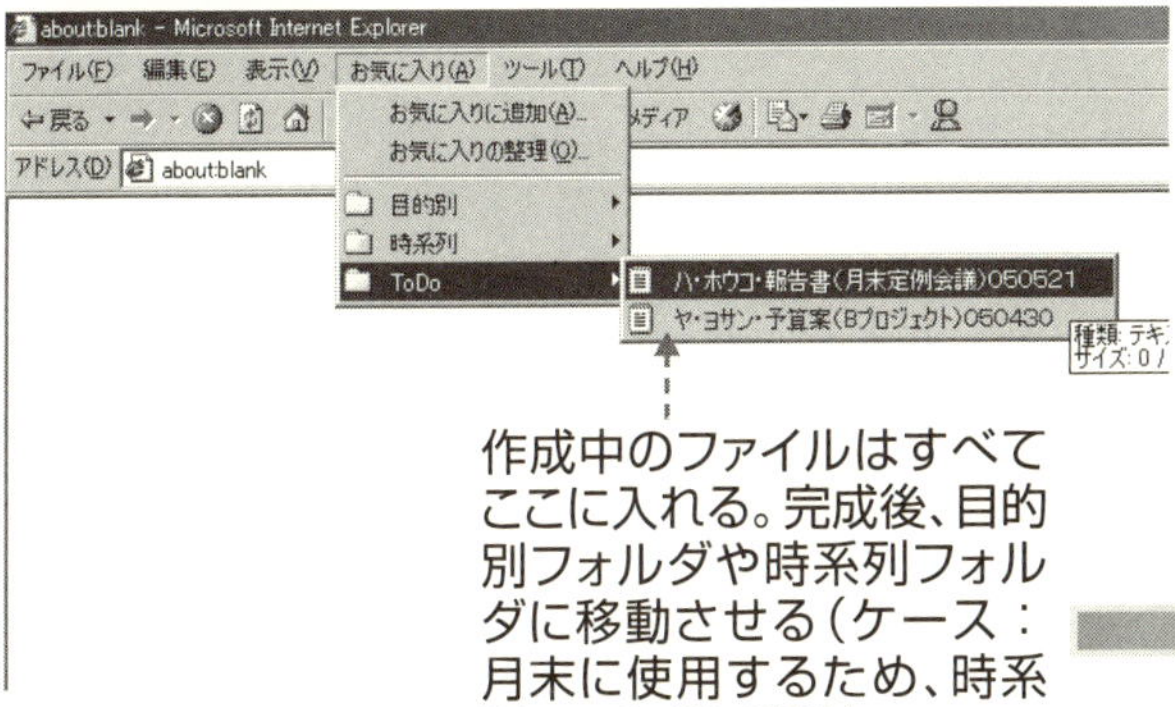

作成中のファイルはすべてここに入れる。完成後、目的別フォルダや時系列フォルダに移動させる（ケース：月末に使用するため、時系列フォルダに移動）。

目的別ファイル

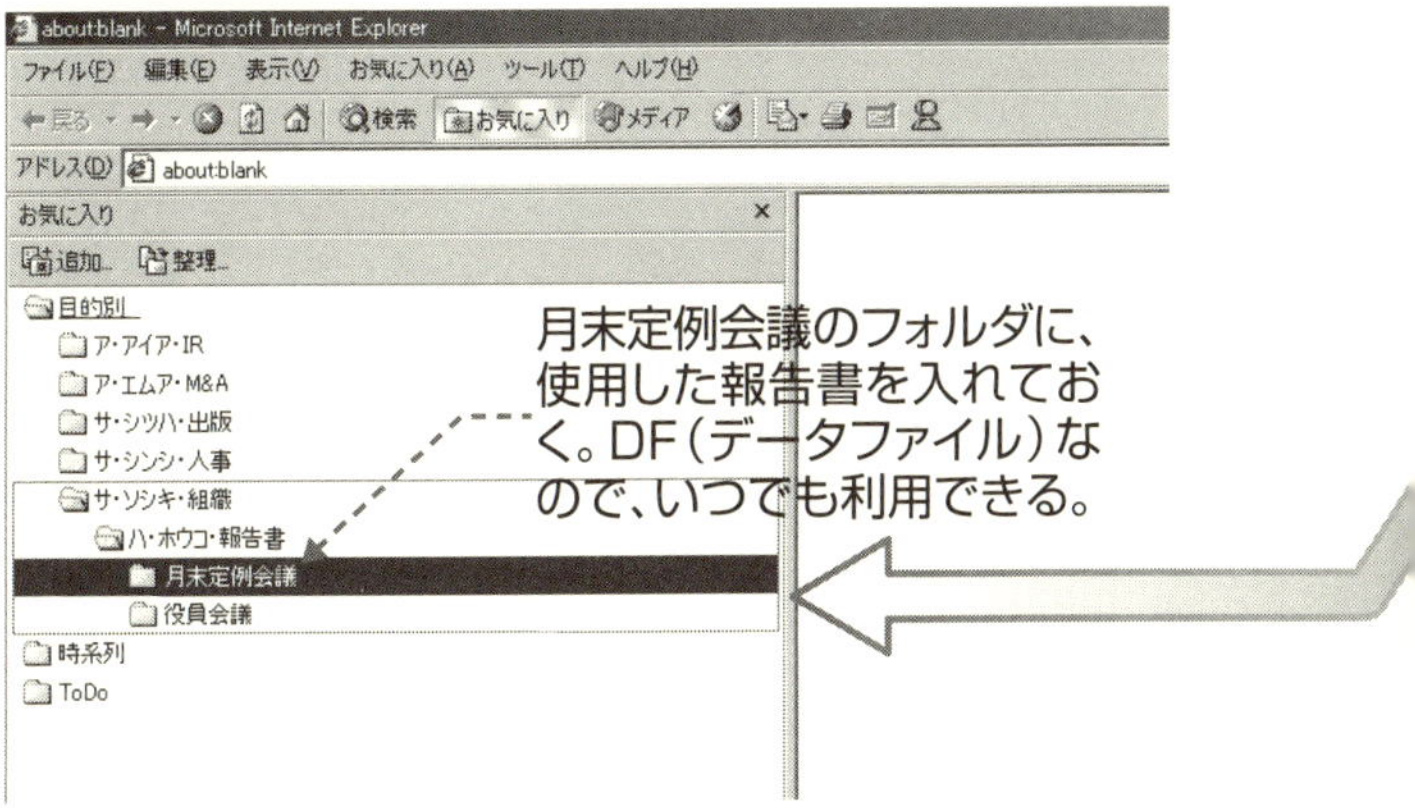

月末定例会議のフォルダに、使用した報告書を入れておく。DF（データファイル）なので、いつでも利用できる。

8 メールも三つの受信フォルダで整理する

ほとんどの人が、送信されてくるすべてのメールを「受信トレイ」に保存していると思います。つまり、仕事関係のメールもプライベートなメールも社内の人間からのメールも、すべてのメールがいっしょくたになっているケースがほとんどです。

でもこれでは、特定の人からのメールや、ある案件に関するメールなどを探すのが大変です。アウトルックには検索機能がついていますが、キーワードを入力してパソコンで検索をかけるのも意外に時間がかかります。しかも、その時の状況によって、どのメールを優先して読むかを見極めることもできません。

私のところへは一日に平均五百~六百通のメールが届きます。もしこれを到着した順番に読んでいたら、さまざまな案件が錯綜して頭の中がぐちゃぐちゃになるだけでなく、処理すべき優先順位を誤る恐れもあります。

そこで考えたのは、受信メールをすべて、「時系列」「送信者別」「目的別」の三つのフォルダ(受信トレイ)に振り分けることです。

メールフォルダの作り方

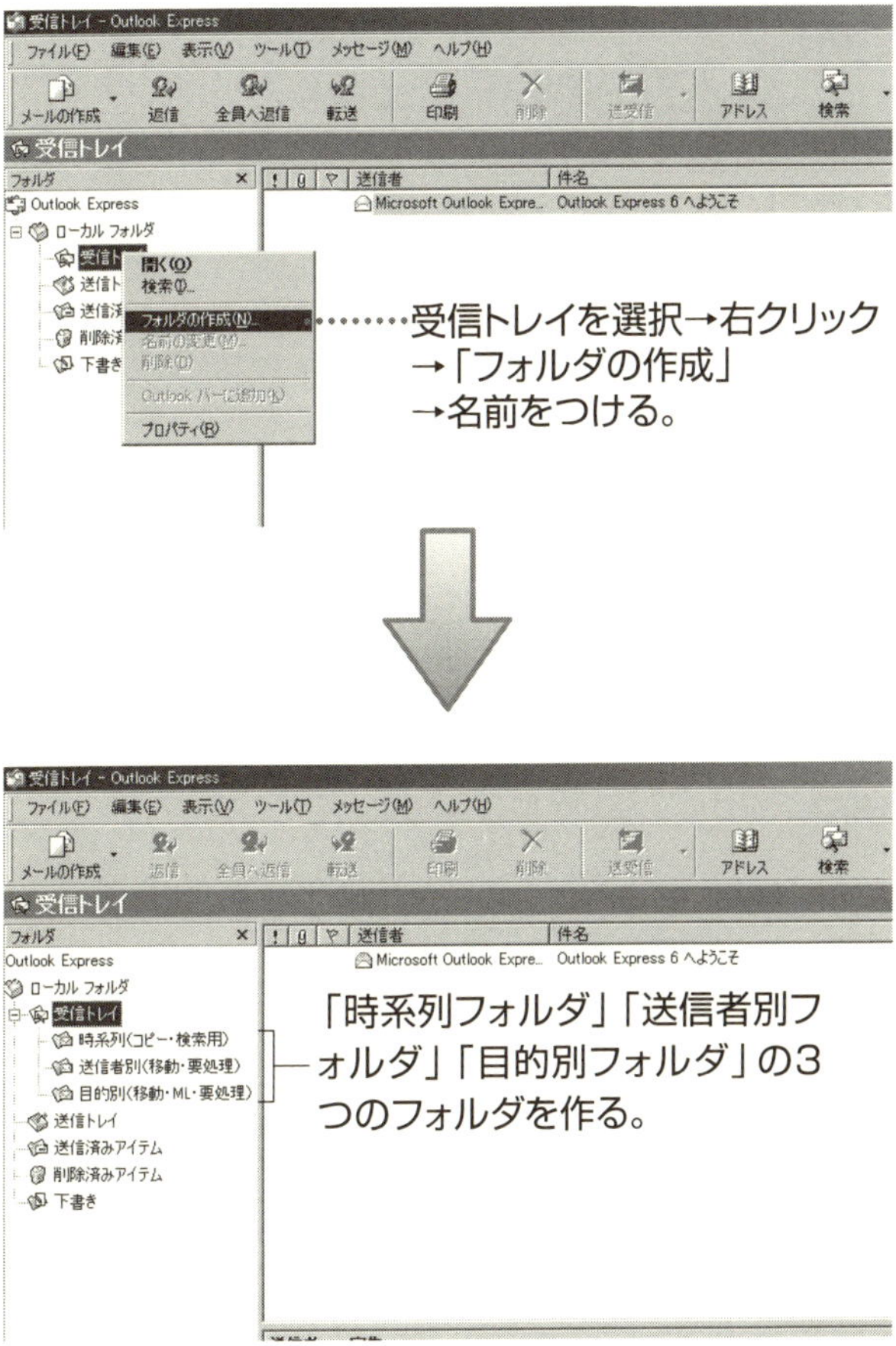
受信トレイ － Outlook Express
フォルダの作成(N)...
受信トレイを選択→右クリック
→「フォルダの作成」
→名前をつける。
時系列(コピー・検索用)
送信者別(移動・要処理)
目的別(移動・ML・要処理)
「時系列フォルダ」「送信者別フォルダ」「目的別フォルダ」の3つのフォルダを作る。

❸アクションを選択する。

送信者フォルダと目的別フォルダには「移動」を、時系列フォルダには「コピー」を選択する。

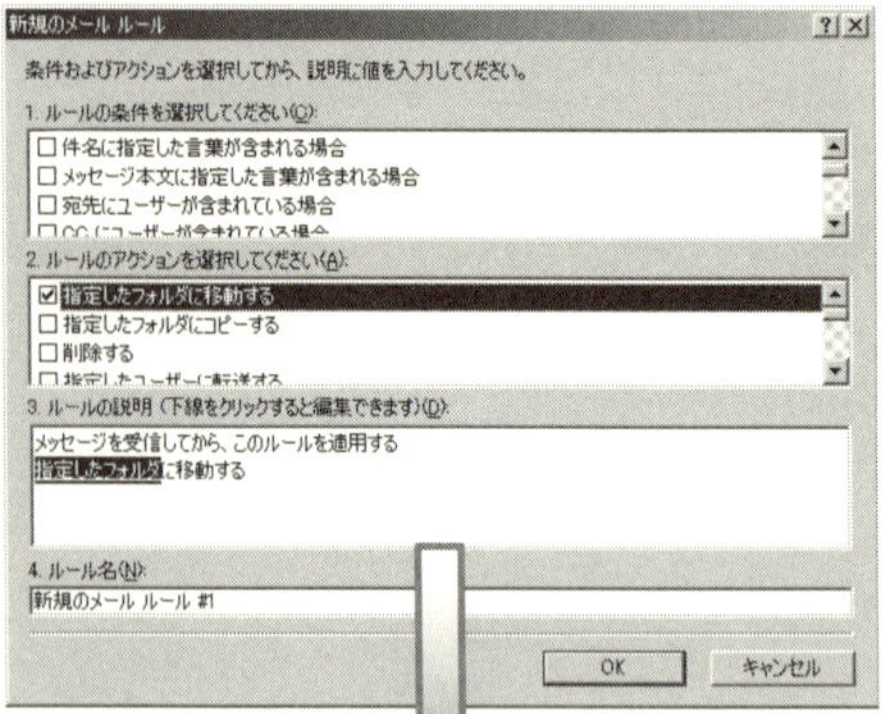

❹移動先のフォルダを選択する

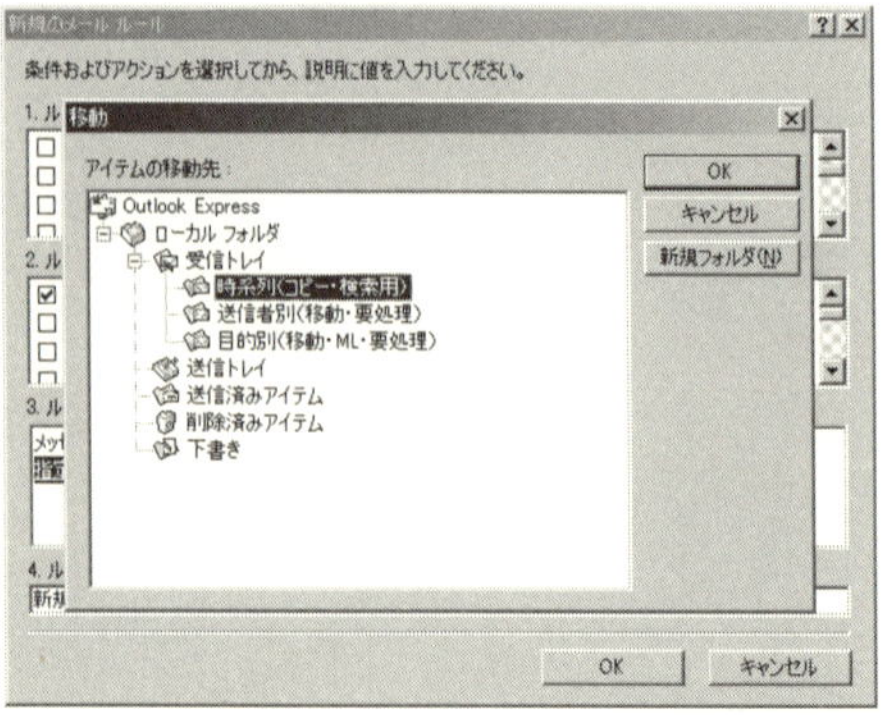

受信したメールを各フォルダに自動的に振り分ける方法

①ツール→「メッセージルール」→「メール」を選択

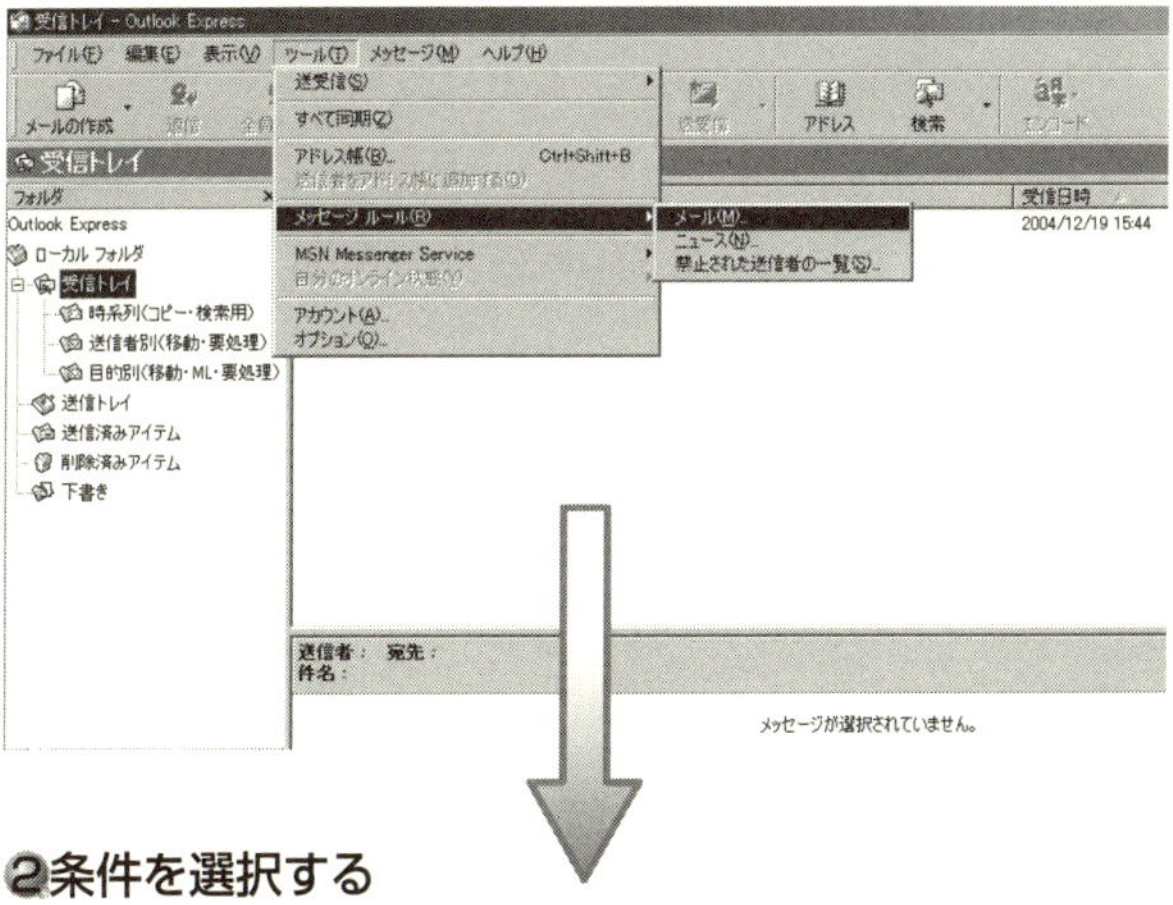

②条件を選択する

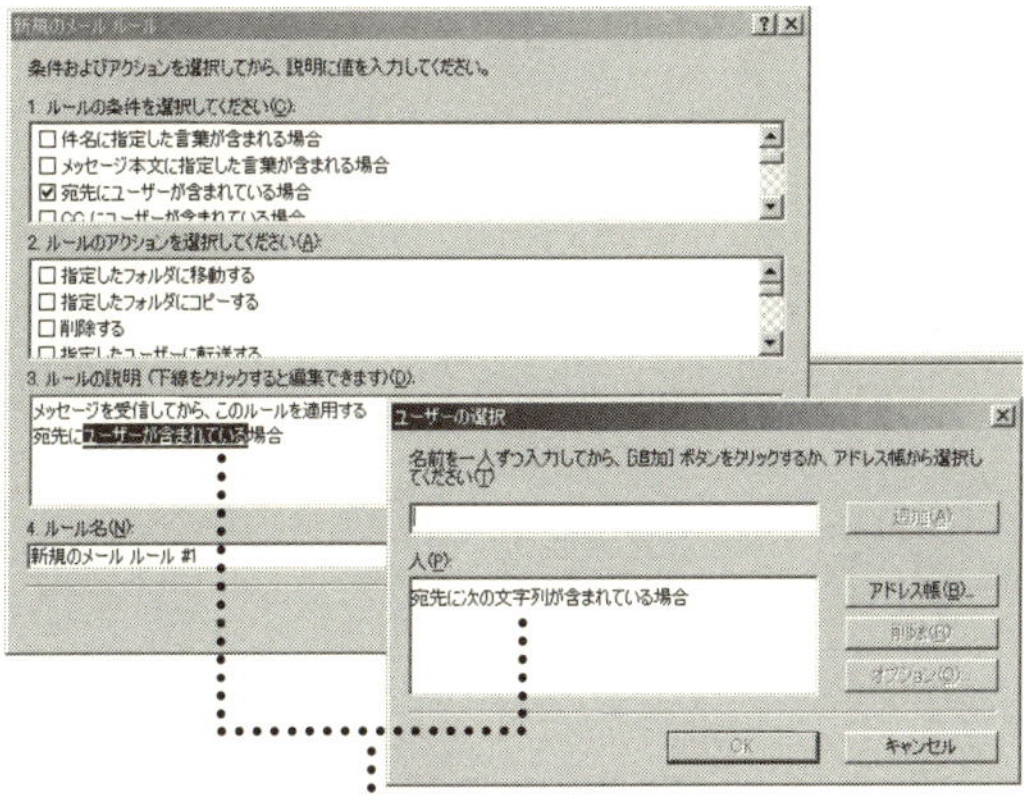

（送信者のアドレスで振り分ける場合）

9 メールの「目的別フォルダ」と「送信者別フォルダ」の使い方

では、それぞれのフォルダについて使い方をご紹介しましょう。

一つめは、目的別フォルダです。ここも「お気に入り」の目的別フォルダと同じく、目的に応じてさらにフォルダを分岐させます。「会議」「業績」「プロジェクト」「その他」といった感じです。

私の場合は目的別フォルダは、メーリングリストの数だけあります。メーリングリストは、ご承知のとおり非常に重要な情報収集ツールです。情報を共有したい大勢の人に一度に、瞬時にしてメールを送れる点が最大のメリットです。メーリングリストがなければ、［Cc］や［Bcc］を含む［宛先］欄に、気が遠くなるくらいたくさんのアドレスをいちいちアドレス帳から選択して放り込んでいく手間がかかるのです。

メーリングリストは、社内での情報発信・受信・共有にも威力絶大です。ですからGMOインターネットグループでも部署ごとに、あるいはプロジェクトごとにさまざまなメーリングリストを立ち上げています。

目的別フォルダの中の階層

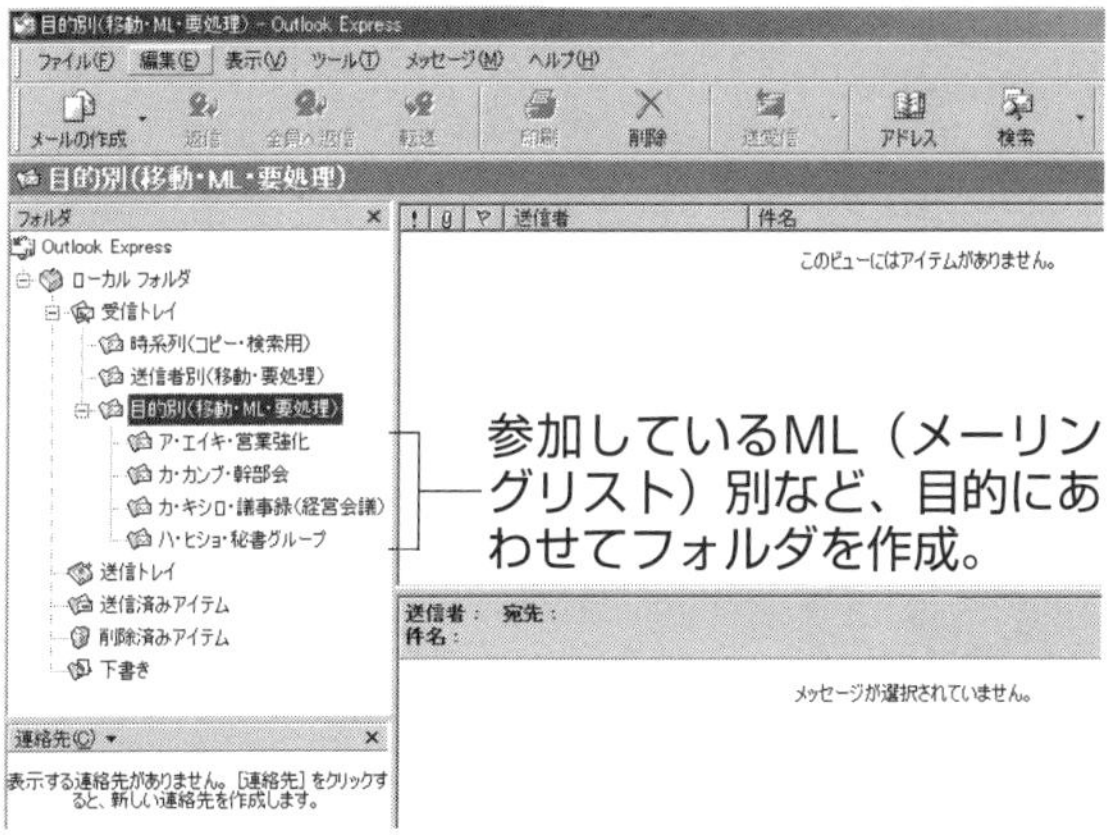

そして私も、メールの目的別フォルダに「幹部会」や「秘書グループ」といったフォルダを作り、ここでそれぞれに該当するメールを受信・送信しています。

余談になりますが、現在無料で提供されている主要なメーリングリストのサービスは、Yahoo!グループ(http://groups.yahoo.co.jp/)とGMOインターネットグループのFreeML(http://www.freeml.com/)だけです。

すでに活用している企業も多いと思いますが、知らなかった方は、ぜひ一度おためしください。

話を戻しましょう。

次に「送信者別フォルダ」ですが、これは読んで字のごとく、特定の送信者別に分けたフォルダです。とくに頻繁にメールをやりとりする人や、受信したら早めにレスポンスを返さなければいけない人などのフォルダを作っておきます。

このように「目的別フォルダ」や「送信者別フォルダ」を分類しておけば、来るメールを片っ端から読む必要はなくなります。

今現在、Aプロジェクトについて急いで取りかかる必要があるなら、目的別フォルダの「Aプロジェクト」というフォルダに入ってくるメールから順次開封していけばいいわけです。そして、Bさんとはとりあえず急いでコンタクトをとる緊急性はないと考えれば、もし「送信者別フォルダ」のBさんのフォルダにメールが届いていても、そこは開けずにあとでまとめて開封すればいいのです。

また、このようにフォルダを分類していれば、あとでメールを検索する時にも便利です。「たしか先週、C氏からD事業についてのメールが届いていたな」と思っても、受信トレイ一つでは、先週一週間に届いた何百通というメールの中から、たった一通のメールを探すことになるのですが、フォルダを分類していれば「C氏フォルダ」あるいは「D事業フォルダ」から、容易に見つけることができます。

送信者別フォルダの中の階層

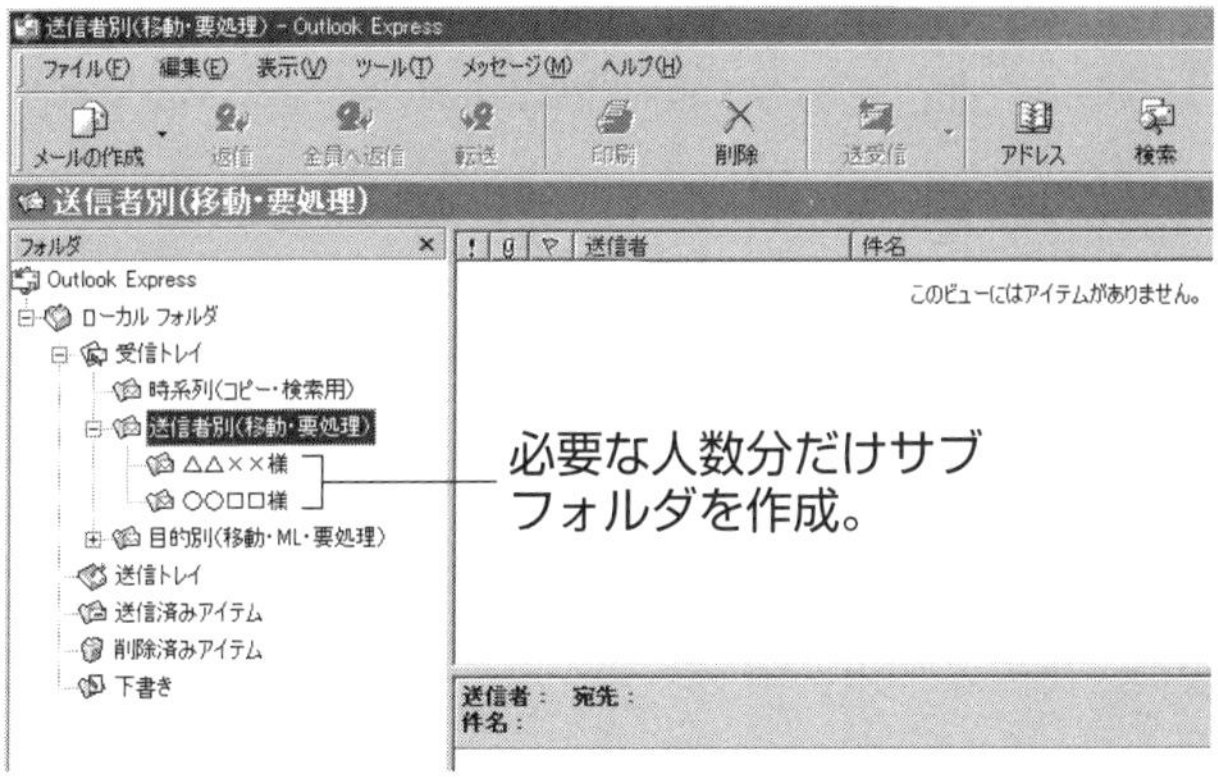

なお、「目的別フォルダ」も「送信者別フォルダ」も、メールの振り分けは「受信トレイから移動」という設定にしてください。設定には「受信トレイからコピー」と「受信トレイから移動」の二つがあるのですが、ここでは後者を選択します。

こうすることで受信トレイを、重要なプロジェクトに関するメールやキーマンからのメール以外のメールしかない状態にすることができます。

また、いずれのフォルダの中もフォルダはアイウエオ順に並ぶように設定しておくことは言うまでもありません。

10 バックアップ&データベースの役割を果たす「時系列フォルダ」

メールの三つ目のフォルダは、時系列フォルダです。「お気に入り」での時系列は、将来使うファイルを入れておくフォルダでしたが、メールの時系列フォルダはそれとはまったく違います。

ここには、受信したすべてのメールをコピーして保存しておきます。そのために、メール振り分けの設定は「受信トレイから移動」ではなく「受信トレイからコピー」にしておきます。

メールの時系列フォルダが果たす役割は二つです。一つは、すべてのメールが時系列に並んでいるのでいつでも時系列に沿ってメールを検索したり読み返すことができるという役割で、もう一つはバックアップとしての役割です。

また、この時系列フォルダは一〜六月分と七〜十二月分というふうに、いくつかに分けて使用します。そしてある程度たまった古い記録は圧縮して、別に保存しておくのです。

時系列フォルダの中の階層

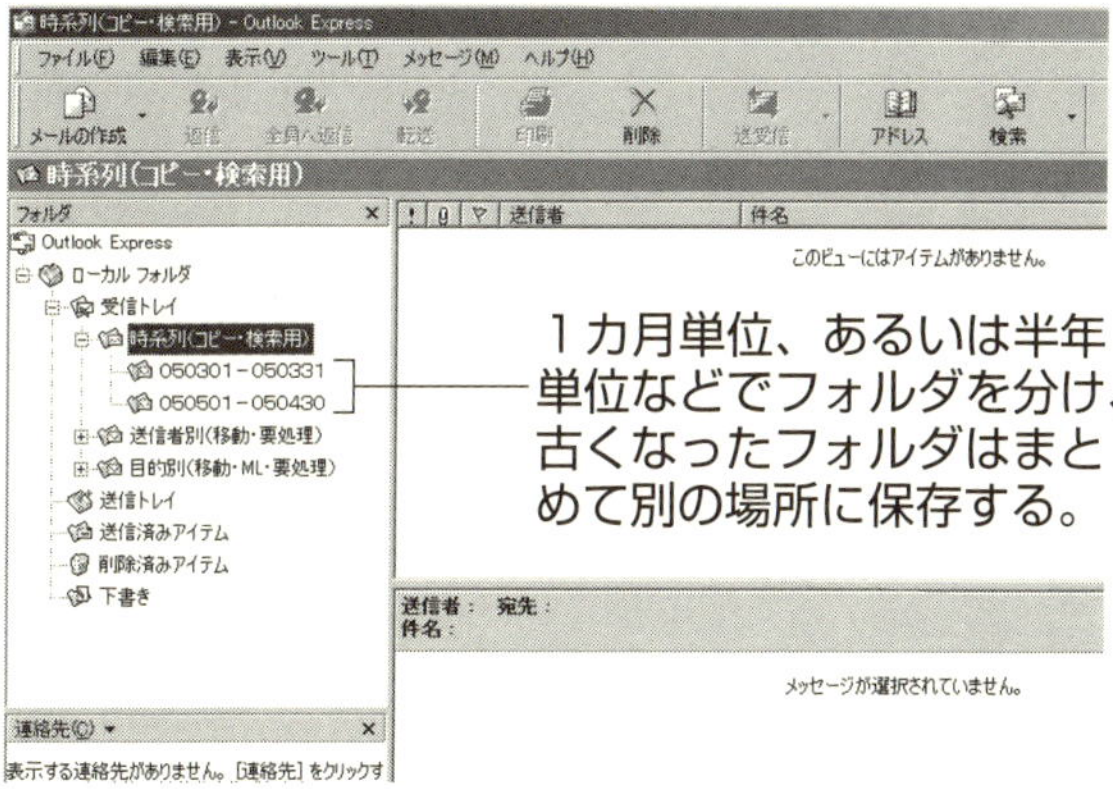

私の基本的なメールの整理方法は以上です。ここまでに説明した三つのフォルダを作っておけば、目的からでも、送信者からでも、時系列からでも、すぐに目当てのメールを探し出すことができるので大変便利です。

ちなみに私は、じつはもう一つのフォルダ「重要フォルダ」も作っています。ここは社員からの重要な案件が届くフォルダで、緊急を要する連絡については、社員は件名の先頭にある文字列を入力するのがお約束です。

ここには何よりも優先して読まなければならないメールが受信されるので、メールチェックをする時はいつも、このボックスから開けるようにしています。

第3章

クマガイ式情報整理術［アナログ編］

デジタル全盛時代でもアナログツールとの併用がベスト

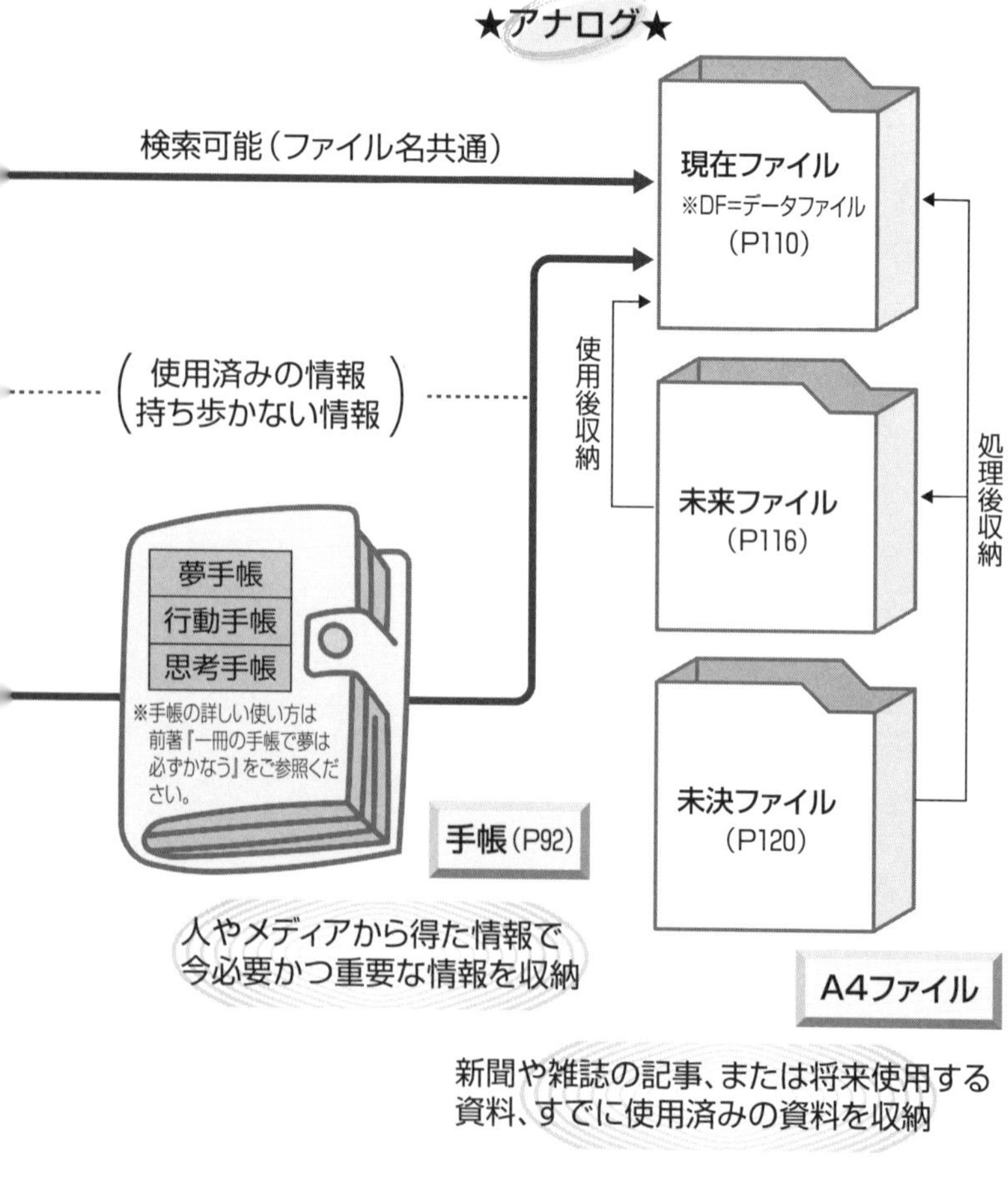

★アナログ★
検索可能（ファイル名共通）
使用済みの情報
持ち歩かない情報
夢手帳
行動手帳
思考手帳
※手帳の詳しい使い方は前著『一冊の手帳で夢は必ずかなう』をご参照ください。
手帳（P92）
人やメディアから得た情報で今必要かつ重要な情報を収納
現在ファイル
※DF=データファイル
（P110）
使用後収納
未来ファイル
（P116）
処理後収納
未決ファイル
（P120）
A4ファイル
新聞や雑誌の記事、または将来使用する資料、すでに使用済みの資料を収納

クマガイ式情報整理システム（アナログ）

★デジタル★

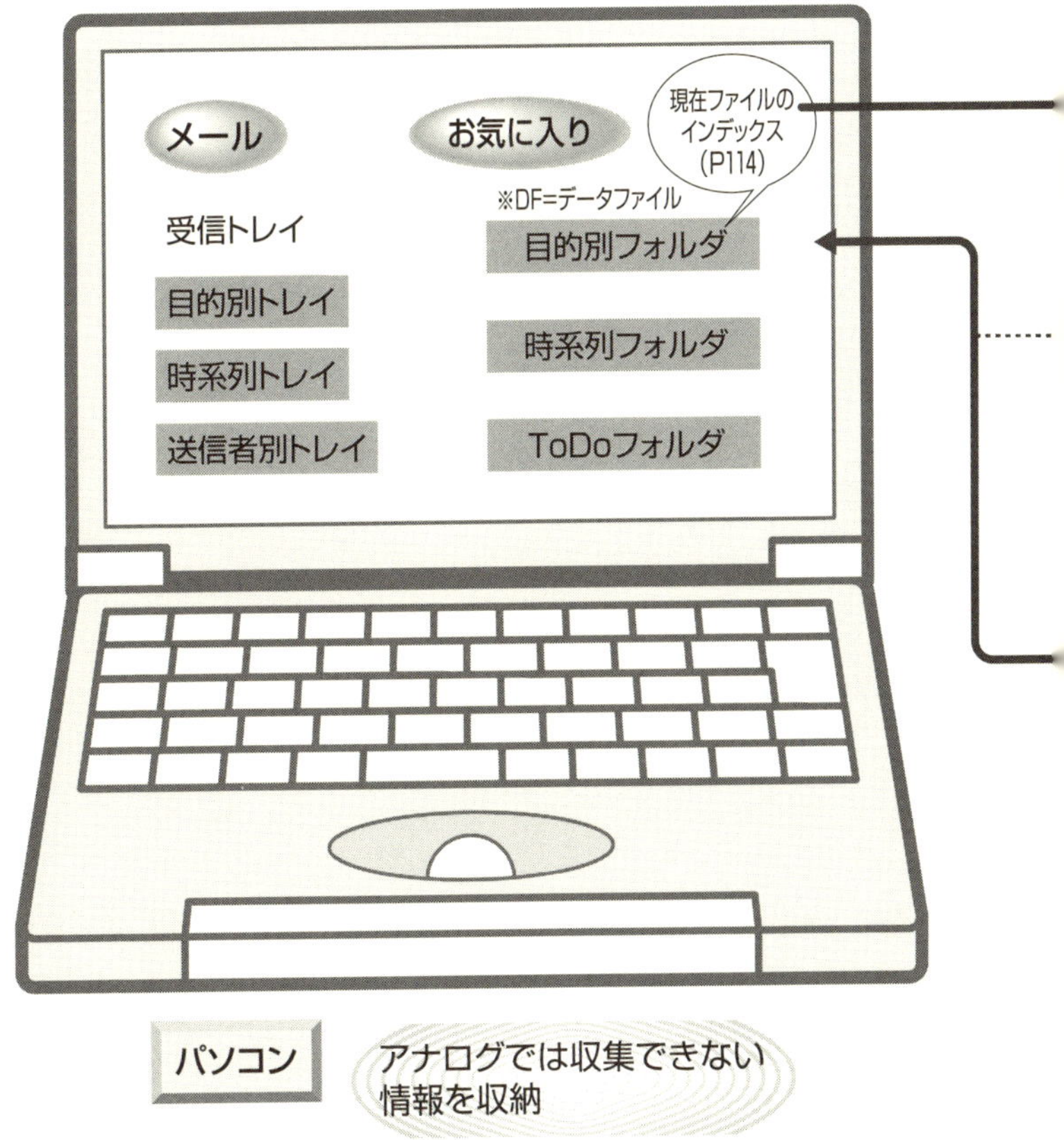

1 「手帳」は情報整理の最重要ツール

この章では、情報整理ツールの中でも、アナログツールの使い方を紹介していくことにします。

まずトップバッターは「手帳」です。私が夢を実現させるための情報整理ツールの中でも、最も重要なツールとしているのが手帳です。手帳を核に、同じくアナログ情報であるA4ファイルと、デジタル情報のパソコンが連動し、これらが三位一体になった情報整理システムがクマガイ式なのです。

中には手帳を単なるスケジュール管理のツールと考えたり、行動を記録しておくだけの媒体と考えている人もいるようですが、とんでもありません。

手帳は、夢・目標への道筋を示し、どう行動すれば最短距離・最短時間で達成できるかを思考するための情報がいっぱい詰まった「夢実現ツール」なのです。A4ファイルやパソコン等に整理された情報は、手帳のこの機能をサポートするものにすぎないのです。

ただ、手帳を使った夢や目標の実現の仕方については前著『一冊の手帳で夢は必ずかなう』と、その後に私の監修で出版されたムック『図解・一冊の手帳で夢は必ずかなう』（いずれもかんき出版刊）でかなり詳しく解説しましたので、ここでは割愛させていただきます。

そんな本は読んでいないぞ、という方のために私の手帳の使い方の概略を、次のページに図解しておきます。かなり大雑把なインデックスなのでよくわからないかもしれませんが、興味を持たれた方は、ぜひ前著をお買い求めいただきご一読していただければと思います。

一見非常に複雑な手帳の使い方だという印象を受けるかもしれませんが、実際にやってみるとそうでもありません。また、この熊谷式手帳術専用のリフィル『夢手帳☆熊谷式』（株式会社日本能率協会マネジメントセンター）も発売しております。

話が少しそれてしまいましたが、どこでも書き込みができて、しかもすぐに検索できる手帳は、夢実現のツールとしてだけでなく情報整理のツールとしても最もすぐれたものの一つです。

本章ではここから、情報整理のための手帳の使い方、とりわけメモのとり方を中心にご紹介していくことにします。

本書では、メモのとり方を『夢手帳★熊谷式スターターパック』のリフィルを例に紹介しております。他の市販のリフィルをご利用になっても構いませんが、本リフィルをご使用になると、より手軽に熊谷式の情報整理が可能です。

『夢手帳☆熊谷式
スターターパック』

- 発行元
  GMOインターネット
  株式会社
- 発売元
  株式会社日本能率協会
  マネジメントセンター
- 価格
  本体12,000円＋税

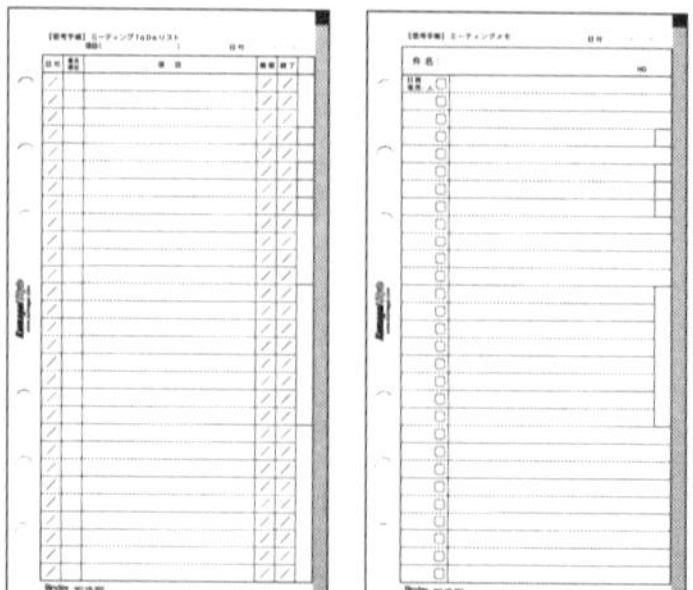

リフィル

ミーティングメモ
ミーティングToDoリスト

夢手帳★熊谷式の中身

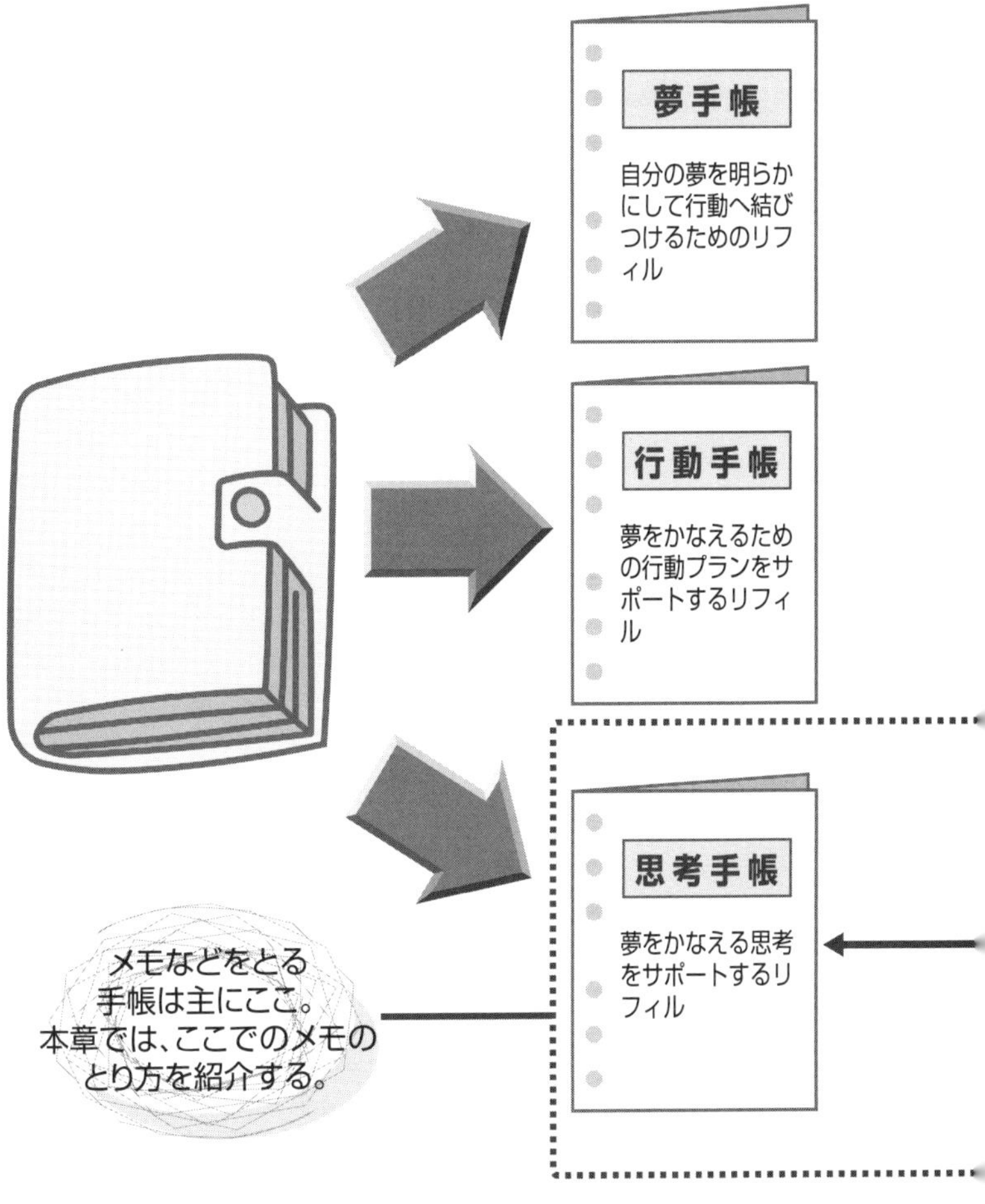
夢手帳
自分の夢を明らかにして行動へ結びつけるためのリフィル
行動手帳
夢をかなえるための行動プランをサポートするリフィル
思考手帳
夢をかなえる思考をサポートするリフィル
メモなどをとる手帳は主にここ。本章では、ここでのメモのとり方を紹介する。

2 メモの基本は七つの原則そのもの

現代ビジネスマンは、一日にいくつものミーティングをこなす日もあります。それらの内容をすべて記憶しておくことはほとんど不可能なので、ビジネスマンは誰でもメモをとる必要に迫られます。

ここで、誰にでも役立つメモのとり方をお教えしましょう。その中のいくつかは、第1章でご紹介した情報整理の七つの原則に直接関係する話も多いので、そのおさらいにもなります。

まず、メモは手帳にしかとらないようにしましょう。これは「一箇所の原則」「サイズ・形統一の原則」にあてはまります。

人によってはその時その時で、会議の資料の余白にちょこちょことメモをしたり、ノートにメモをとったりしているかもしれません。でも、それでは後で見返す時に不都合が生じます。まずメモの整理場所が一箇所ではなくバラバラであれば、そのメモが散逸する恐れが多くなります。

また、たとえすべて揃っていたとしても、ノートのサイズのメモもあれば手帳サイズのメモもあるというようにサイズが不統一であれば、後で見返す時に大変不便です。また「一件一リフィルの原則」も当然厳守です。そもそもこの原則を守らなければ、メモにインデックスをつける（インデックスの原則）こともできません。それは同時に、クロスリファレンス方式で情報を検索することができなくなることも意味しています（クロスリファレンスの原則）。

こんなことでは、メモをしたはいいけどどこにメモしたのかがわからなくなってしまい、何度もページを繰ったりするはめになります。そんなことに貴重な時間を奪われることは、何としても避けたいところです。また、もしメモを紛失してしまいそのまま忘れてしまったら、処理すべき案件をやり忘れてしまうこともあります。何のためにせっかくのメモをとったのかわかりません。

ところで「一件一リフィル」の原則は、リフィル以外の紙媒体にも適用されます。つまりＡ４の紙だろうが、ポストイットだろうが、とにかく一つのテーマは一枚の紙に書くということです。

紙のコストより時間のコストを惜しむ、という点ではどんな紙でも同じなのです。

3 メモのインデックスには何を書いておけばいいか？

メモをする時には、リフィルの上部に、日付、場所、参加者（会った人）、タイトルを、インデックスとして記入しておくこともお忘れなく。

ただしインデックスのタイトルは、正式な名称を全部書いたり、あまり詳細に書く必要はありません。それよりも重要なポイントを聞き逃さずにメモをとることが大事です。自分の状況に合わせて、タイトルは略字を考えておくと良いでしょう。私の場合は、幹部とのミーティングの時は「幹ミ」、マーケティングの会議の時は「マーケミ」といった感じで、私だけわかるようなタイトルをつけています。

また、インデックス代わりに手帳に直接名刺のコピーを貼っておくのも、なかなか使い勝手が良い情報整理術です。何かのプロジェクトなどで手帳にたくさんメモを書き込んでいる時は、そのトップページに、そのプロジェクトに関連する人の名刺をコピーして貼っておくのです。そうすれば、手帳を読み返して何か良い考えが思いついた時に、すぐに担当者に連絡をその場でとることが可能です。

インデックスとしてメモに書いておく要素

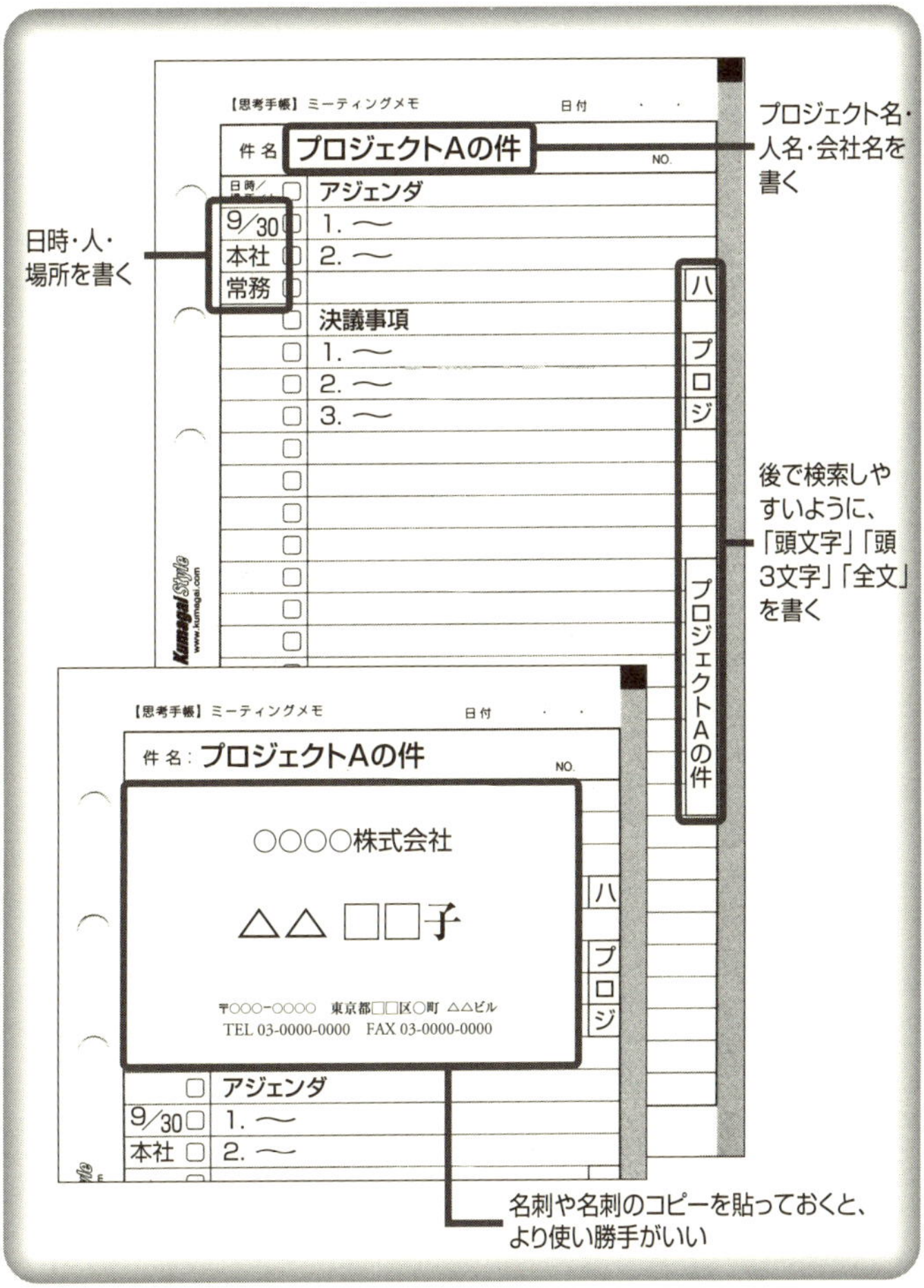
【思考手帳】ミーティングメモ
日付
件名 プロジェクトAの件
NO.
アジェンダ
9/30
本社
常務
1. 〜
2. 〜
決議事項
1. 〜
2. 〜
3. 〜
ハ
プロジ
プロジェクトAの件
Kumagai Style
www.kumagai.com
○○○○株式会社
△△ □□子
〒○○○-○○○○　東京都□□区○町　△△ビル
TEL 03-0000-0000　FAX 03-0000-0000
プロジェクト名・人名・会社名を書く
日時・人・場所を書く
後で検索しやすいように、「頭文字」「頭3文字」「全文」を書く
名刺や名刺のコピーを貼っておくと、より使い勝手がいい

4 チェックボックスを利用して確実に要処理案件を片付ける

ここからがいよいよ、メモのとり方です。いざミーティングが始まったら、議論をしながら、要点を箇条書きでメモをとっていきます。

またミーティングの中で、自分がやらなければならないことや、クリアすべき課題、相手に依頼したことなどは、箇条書きにしたメモの頭に「□」のチェックボックスを付けておきます。

このボックスには後日、対応が終わると「✓」マークを入れ、「やり残し」や「やり忘れ」がないようにします。

こうしておけば、後でミーティングのメモを確認する時に、まだ処理していない案件を確実に把握し、それに対して各自がどんなアクションを起こしたかを確認することも忘れずにすみます。

会議をしてやるべきことは決まっても、実際にそれに着手しなければ何の意味もないし時間のムダです。チェックボックスを使って要処理案件は確実に片付けましょう。

ToDo事項にはチェックボックスを活用する

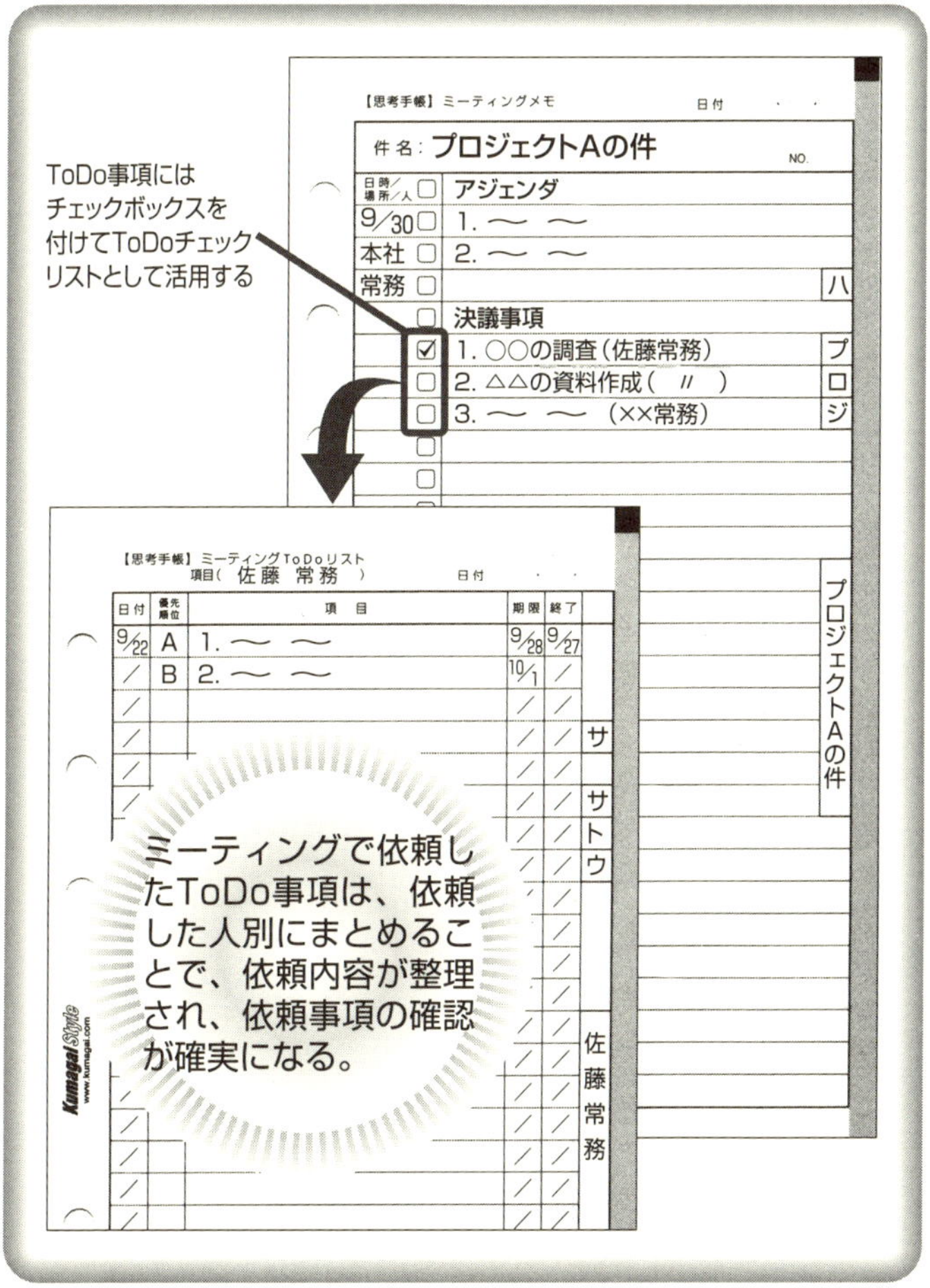
【思考手帳】ミーティングメモ
日付　.　.
件名：プロジェクトAの件
NO.
日時／場所／人
アジェンダ
9/30
1. 〜　〜
本社
2. 〜　〜
常務
ハ
決議事項
1. ○○の調査（佐藤常務）
プ
2. △△の資料作成（　〃　）
ロ
3. 〜　〜　（××常務）
ジ
プロジェクトAの件
ToDo事項にはチェックボックスを付けてToDoチェックリストとして活用する
【思考手帳】ミーティングToDoリスト
項目（佐藤　常務　）
日付　.　.
日付
優先順位
項目
期限
終了
9/22
A
1. 〜　〜
9/28
9/27
B
2. 〜　〜
10/1
サ
サトウ
佐藤常務
Kumagai Style
www.kumagai.com
ミーティングで依頼したToDo事項は、依頼した人別にまとめることで、依頼内容が整理され、依頼事項の確認が確実になる。

5 文章だけでなくビジュアルも活用する

手帳にメモというと、文字を書くことだけ想像されがちですが、文字しか残してはいけないわけではありません。時にはビジュアル化した方が、後々思い返す時に効果的であることもあります。

ですから写真や絵も「メモ」と考えて積極的に手帳に綴じこみ、手帳の効果をどんどん高めましょう。

たとえば私の手帳には、本の絵が描いてあります。これは二十年以上も前に、とある人から「熊谷、おまえ将来、本を書け！」と言われて描いていただいたものです。私はこの絵を見返すたびに「将来は本を書けるくらいの人物になるぞ」と、その都度決意を新たにしたものです。単に「将来本を書く」と文字で書いてあるよりも、具体的なイメージとして実感することができたのは言うまでもありません。

とくに自分の夢などは、文字だけよりもより具体的にした方がイメージしやすいので、写真や絵を手帳に貼り付けておくとより効果的でしょう。たとえば私は、かつて

「ポルシェに乗りたい！」と思っていた時に、人様のポルシェのそばに立って一枚の写真に収まり、その写真を手帳にはさんでいました。

この方が、単に「ポルシェに乗りたい」と書くだけよりも、格段に強いインパクトを私に与えてくれます。

また自分の夢のこと以外にも、会議の状況なども、その時の要点だけメモするのではなく、必要ならば写真にとって貼り付けておいても良いでしょう。

たとえば、誰かとお会いして和やかに握手をしている写真を一枚パチリと撮ります。そしてその写真を、会議のメモを記したリフィルに貼り付けておけば会議の内容だけでなく、会議の雰囲気までも後でまざまざと思い出すことができるでしょう。

デジカメは私にとって、いわばカラーコピーのようなものです。薄型のものを鞄の決まった場所に入れて、常に持ち歩いています。そして会議などでホワイトボードに記載されたことや、出先で自分の〝情報アンテナ〟に引っかかった興味深い光景、行動記録として映像で残しておきたいシーンなどを、片っ端から撮影しています。

撮影した後はもちろん、パソコンに取り込んでいます。そしてパソコンデータとして利用するだけではなく、重要なものについてはプリントアウトして手帳に綴じますし、資料となるものはA4ファイルとして保存しています。

6 数字を有効に使ってメモの効果を高める

期限や目標は数値化することが大事です。ですからこれらを手帳にメモする時も、常に「これは数値化するといくらになる?」と考える癖をつけましょう。

たとえばミーティングにおいて「○○の案件については、できるだけ早く改善案の報告書を作成する」とか「次年度のクレーム件数を極力減らす」という結論が出た場合などです。前者では「できるだけ早く」、後者では「極力」という言葉が使われていますが、これでは、不十分です。

「△月△日までに報告書を作成する」

「クレーム件数を□□%削減する」

と書く方がより具体的です。この方が、後で読み返してもブレのない、適切な処理ができるというものです。

メモの書き方から少し外れたような気もしますが、なにかをメモする時にも「数値化する」といったことは、一つのテクニックとして覚えておいた方が良いでしょう。

目標はすべて数値化する

- 報告書を作成する
↓
〇月〇日までに報告書を作成する。
（締切を設定するのは基本中の基本！）

- 会議の時間を極力短縮する
↓
会議の時間を〇〇分以内とする。
（目標はあいまいな表現で記述しない）

- 気むずかしい□□さんとコミュニケーションを深める
↓
□□さんと、一日三度は話しかけ、週に一度はランチを一緒に食べる。
（一見、数値目標が出せないような目標でも頭を使えば必ず数値化できる）

- カラオケを上達させる
↓
最低でも月に一度カラオケに行き、毎週一曲持ち歌を増やす。
（プライベートな目標でも数値化する）

7 大切な言葉や格言金言はポストイットに書いて後で整理

手帳に書くことは、何も会議やミーティングのメモだけではありません。私は手帳を『夢手帳』『行動手帳』『思考手帳』と分けて使っているのですが、その中の『思考手帳』の中に、『戒め・名言・行動基準』というコーナーがあります。ここには、人に会って聞いた話だけでなく、新聞やテレビなどを見ていて「これは！」と思った言葉をどんどん書き込んでいます。

ここに書く言葉は、自分の仕事や人生で何らかのヒントになりそうなものや、日々の行動を戒めるものばかりです。といっても、有名人の格言やことわざばかりというわけではありません。

「仲間を大切に」なんて、たわいのない言葉でも良いのです。こんな言葉でも、書かなければ一時の感動だけで終わってすぐに忘れてしまいますが、メモして残しておくと、この先いつか良い人生を歩むための道しるべとして役に立つかもしれません。

ちょっとでもひっかかったら、片っ端からメモしていきましょう。

手帳の情報整理に役立つポストイット

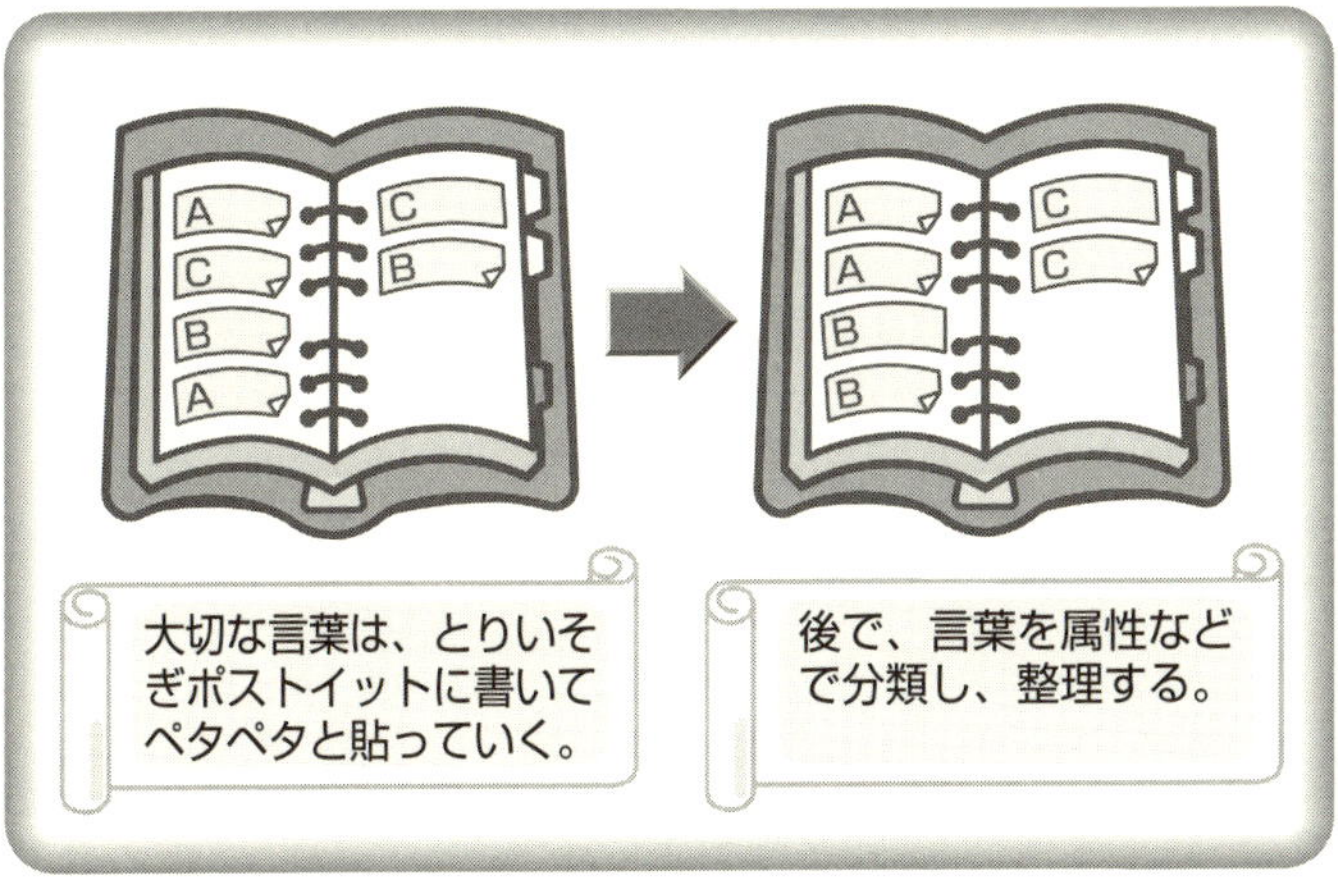
A
C
B
A
C
B
A
A
B
B
C
C
大切な言葉は、とりいそぎポストイットに書いてペタペタと貼っていく。
後で、言葉を属性などで分類し、整理する。

ただし、ほんの一言をメモするのに、たとえ「一件一リフィルの原則」があるとはいえ一枚のリフィルを使うのは、あまりに不経済です。かといって時系列でこういった言葉を書き連ねていくと、脈絡のない並べ方となり読み返す時に具合が悪いです。

そこで私は、こういった言葉はいつも携帯している四～五㎝角のポストイットにメモすることにしています。この時はもちろん、「一件一リフィルの原則」を守ります。

またポストイットに書いておけば、後で並べかえる際にも大変都合がいいことも、大きなメリットです。

8 毎週末に手帳の整理をする時間を作る

一週間もすれば、手帳にはさまざまな情報が新たに書き込まれることになります。私の場合は、毎週末を利用して手帳の整理を必ずすることにしています。

週によって、または扱っている案件の多少によって、かける時間はまちまちですが、少なくとも分単位ということはありません。二〜三時間はかけています。

ここで、リフィルやポストイットの位置を直したり、入手した情報の再確認をします。その過程でまた、いろいろな案件の重要度とか、今なにをやらなくてはいけないかということがわかってきます。

たとえ手帳にキチンとメモをとっているといっても、やはりどこかの段階でもう一度大きな整理をしないと、日々の忙しさに流されてそれぞれのメモのプライオリティ(優先順位)がわからなくなります。

しかし週末に手帳の整理をざっとして情報を一覧しておけば、それらをキチンと正確に把握した上で、翌週にやらなければいけないことをもれなくピックアップし、正しい順序でTODOリストに落とし込むことができます。

こうすれば新しい週の月曜日から、頭スッキリ、何をやればいいかハッキリの状態で仕事に全力投球ができるというものです。「そういえば今週、何かやらなくちゃいけないことがあったなあ」とか「いくつかすべきことがあるけど、とりあえずこれから片付けようか」というように、やることを見失ったり、優先順位を誤ることがありません。

情報は、繰り返し接触することで、より頭の中に叩き込まれるのです。私は、そのことを自覚しているからこそ、移動中もトイレの中も、持ち歩きに便利な手帳を常にたずさえて、折を見て中の情報を見返しています。

そして、毎週末に必ず二〜三時間をかけて情報に「接触」すれば、この効果はさらに絶大です。

9 「現在ファイル」は自分だけのデータファイル

手帳の次は、Ａ４ファイルの整理方法です。ファイリングについて私は、「夢や目標を持ってスクラップすれば、瞬間的に専門家になれる」「ファイルボックスのスクラップが、今の事業を作った」と断言することができます。それくらい、このＡ４ファイルへのスクラップは重要なのです。

私は主に「現在ファイル」「未来ファイル」「未決ファイル」の三つのＡ４ファイルを使って情報整理をしています。まずはデータファイルである「現在ファイル」からご説明しましょう。

現在ファイルには主に、新聞・雑誌から収集した記事と、会議や講演会および各種アクションに使った資料・書類を収納しています。手帳に入りきらない情報や、今現在それほど大事ではない情報もここに来ます。

書類や資料は、書いていなければタイトルと日付、資料を使った場所を明記して収納しておきます。雑誌や新聞については、切り抜きをＡ４用紙に貼り付けて、同様にタイトルなどを付けて収納しておきます。新聞や雑誌の出典名は、自分なりに「日本経済新聞ならNK」「日経流通新聞ならNR」といった具合に記号で記しておくと、いちいち手間も省け、見た目もスッキリするでしょう。

もちろん中のファイルは、クロスリファレンス式で、アイウエオ順の項目と日付からすぐに探し出せる仕組みにしておきます。

私は、現在ファイルは会社の書庫に保管しています。ここには、私が二十年来赤ペン片手に収集してきた資料がすべて揃っています。勉強のために参加した研修会のパンフレットやプレゼンテーションで使った数々の資料なども、捨てずに保存しています。これらA4ファイルは積み上げると、今では三十メートルを超える高さです。

もちろん、ただ「とっておいている」だけではありません。今なお活用しています。たとえば思考に行き詰まり、自分の原点を思い起こそうという時は、社会人になった当初に通った「後継者育成セミナー」の資料を引っ張り出します。クロスリファレンス方式だから見つけるのは簡単です。そして当時の資料とメモを読み返し、ビジネスの基本に立って思考をし直すのです。

また現在のビジネスのヒントを求めて、過去のファイルを持ち出すこともあります。何度も接触して頭に叩き込んだ資料ばかりなので、何かの瞬間に「そうだ、あの時のあのファイルが役に立つ」とすぐに記憶から呼び起こせます。

もし万が一資料のタイトルを忘れてしまっても大丈夫なように、パソコンにはちゃんと、現在ファイルに入っている資料について、項目別にインデックスを整理してあります（P114参照）。パソコンにあるのはインデックスだけなのですが、ここを見るだけで目当てのファイルを容易に検索することができます。

せっかく集めた資料も、整理をしなければゴミの山です。だから、溜まりに溜まると処分したくなります。「捨てられない性分」の人も、活用しない部分では同じです。

ゴミの山を見て探すのがイヤになったり、もしかしたら現時点で再利用する価値が高いかもしれない資料そのものの存在を忘れてしまったりするでしょう。

情報のファイリングは、その過程で情報の存在をしかと記憶しておくことにも意味があるのです。

用済みに見えても、いつどこで、夢を具現化する力になってくれるかわかりません。私は「現在ファイルは時を経ても腐らない」と確信しています。

現在ファイルボックスの整理

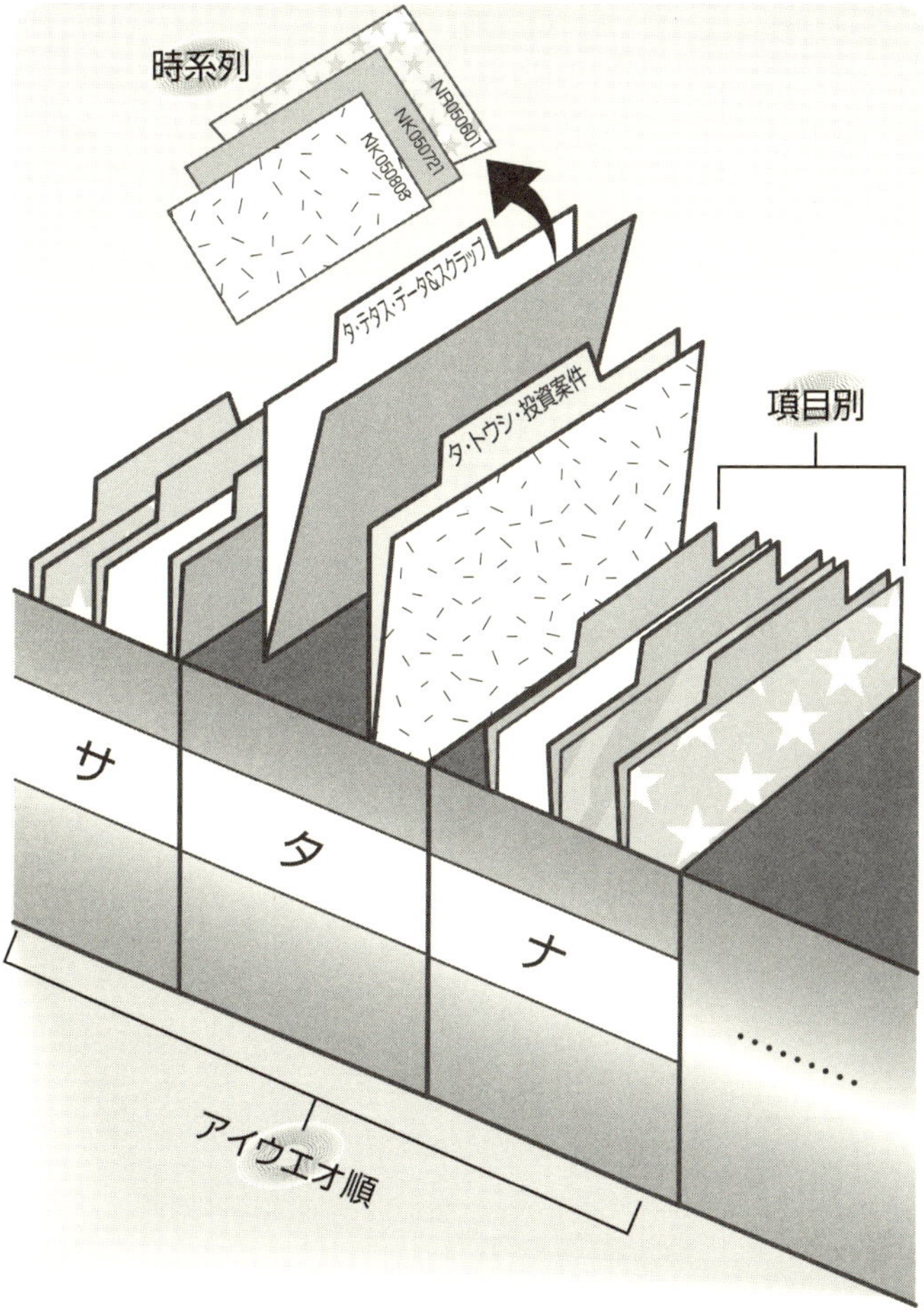

10 現在ファイルの管理にはエクセルを活用する

ファイル名	番号	備考（クロスリファレンス）
出版（一冊の手帳で夢は必ずかなう）		
営業強化の参考資料		
お名前大学（アンケート）		
株式公開（GMO）		上場
議事録（経営会議）	1	
議事録（経営会議）	2	マーケティング
広告（タレント検討）		
スピーチ原稿（040824 決算説明会）		
データ&スクラップ 200405		
人（熊○○○氏）		

他の条件からも検索できるキーワード

同名のファイルがある場合の整理番号

現在ファイルは、時間の経過とともにどんどん数が増えていきます。五個〜六個ならどんなファイルがあるとか、どこにそのファイルがあるとかは頭で把握できますが、十個〜二十個となると、とてもじゃありませんが把握し切れません。

そこで私は、現在ファイルをパソコンのエクセルを使って管理することにしています。情報はアナログのままファイルで保存し、後ですぐに検索&一覧できるようにファイルのインデックスだけデジタルで管理しておくのです。

パソコンの中に作成しておく現在ファイルのインデックス

所在	作成年度	保存年限	保存満期	DF種別	所属	読み
DF	2005	5	2010	DF	サ	シツハ
DF	2000	5	2005	DF	ア	エイキ
DF	2004	5	2009	DF	ア	オナマ
DF	2000	5	2005	DF	カ	カフヌ
DF	2001	5	2006	DF	カ	キシロ
DF	2001	5	2006	DF	カ	キシロ
DF	2000	5	2005	DF	カ	コウコ
DF	2004	5	2009	DF	サ	スヒチ
DF	2004	5	2009	DF	タ	テタス
DF	2003	5	2008	DF	ハ	ヒトク

自宅や書庫、会社など、ファイルのある場所

ファイルの保存期限や満期

紙・FD・CDなどの属性表示

現在ファイルのインデックス

そのやり方ですが、「お気に入り」の中の「目的別フォルダ」内に、「ハ・フォル・フォルダ」というフォルダを作成するのです。そしてこの中に、上記のような現在ファイルのインデックスを整理したエクセルデータを作成しています。

こうしておけば、どこにどんな現在ファイルが存在するのかが一目瞭然です。

またエクセルデータで、現在ファイルの保存年限と保存満期を設定しておくのもミソです。いくらデータ上でインデックスを管理するとはいえ、現在ファイルを無制限に増やしていけるわけではありません。

そこで、一定期間保存すればいいファイルについては先に廃棄する期日を決めておき、その日が来たら処分していくのです。

11 一年以内に必要な書類は「未来ファイル」にＤＷＭＹ方式で収納

次にご紹介するＡ４ファイルは「未来ファイル」です。ここには、現時点では必要ではないけれど、近い将来、使用することが予定されている情報を整理しておきます。来月の会議に必要な資料とか、二週間先の出張で使う資料、数カ月先の家族旅行に役立つガイド記事などが、これにあたります。

第2章の【デジタル編】でご紹介した「お気に入り」フォルダの中に、時系列フォルダというのがありましたが、まさに時系列フォルダのリアル版が、Ａ４ファイルの「未来ファイル」ということになります。

未来ファイルは、四つのファイルボックスから構成されています。その四つとは、Ｄ（Day）・Ｗ（Week）・Ｍ（Month）・Ｙ（Year／Yume）です。

まずＤファイルボックスには、今週予定されている行動に必要な書類を、あらかじめ月～金で整理して入れておきます。

たとえば「水曜日の商談前に目を通す資料」なら、水曜日のファイルに収納しておきます。そうすれば、商談に出かける前にファイルを取り出し、忘れずに移動の車の中で目を通すことができます。

二つ目は、今月の予定に従って週単位で整理したＷファイルボックスです。「○月の第×週に必要な資料」として、四週に分けて整理してあります。それによって「今週必要な資料はどれかな」と探す手間が不要になります。当該週分のファイルを抜き出せば、そのまま簡単にＤファイルに移せるのです。

三つ目は年間スケジュールに合わせて、月単位で整理したＭファイルです。たとえば、バレンタインデーにチョコをくれた人のリストとホワイトデーの贈り物特集の記事を三月ファイルに入れておきます。そして三月になってそのファイルを開ければ、誰にお返しをしなければいけないかを忘れずにすみ、またどんなお返しがあるのかということがすぐにわかります。

そしてＷファイルの時と同様、週ごとの予定に振り分ける時は、当該月分のファイルだけを抜き出してそのままＷファイルに移すだけです。

私が仕事で主に使っている未来ファイルは、以上の三つのファイルです。先に予定されている業務の資料は、現時点で手元に置いておく必要はありません。あらかじめ読んでおくのは悪いことではないのですが、肝心の時に内容を忘れてしまいます。それに、他の資料と紛れてなくしてしまう恐れもあります。

将来使う資料の場合、私はざっと目を通すと、あとはファイルの然るべき場所に〝ポイ〟。必要な時には必ず取り出す仕組みになっているので、それまでは安心して忘れることにしています。直前に読んだ方が、内容が記憶から消えないうちに情報を活用できるというメリットもあります。

ところで、未来ファイルにはもう一つ「Yファイル」というものがあります。YUMEとYEARの頭文字から命名したものです。ここには、何年〜何十年先に達成したい夢のための情報が項目別にスクラップされています。

自宅に保存している私のYファイルには、船のカタログや雑誌記事、MBAを取得するための大学の資料などを保存しています。そして年に一度くらい、このYファイルを見て自分の夢を確認しています。

もっとも、仕事によっては年単位でスケジュールが組まれることもあると思いますので、そういう人は年単位で情報を整理したYEARファイルも必要かもしれません。

いずれにせよ、DWMY方式のA4ファイル情報は、非常に利用価値の高いものです。手帳に入りきらない大きくて詳細な情報は、このシステムで管理することをお勧めします。

未来ファイルの使い方

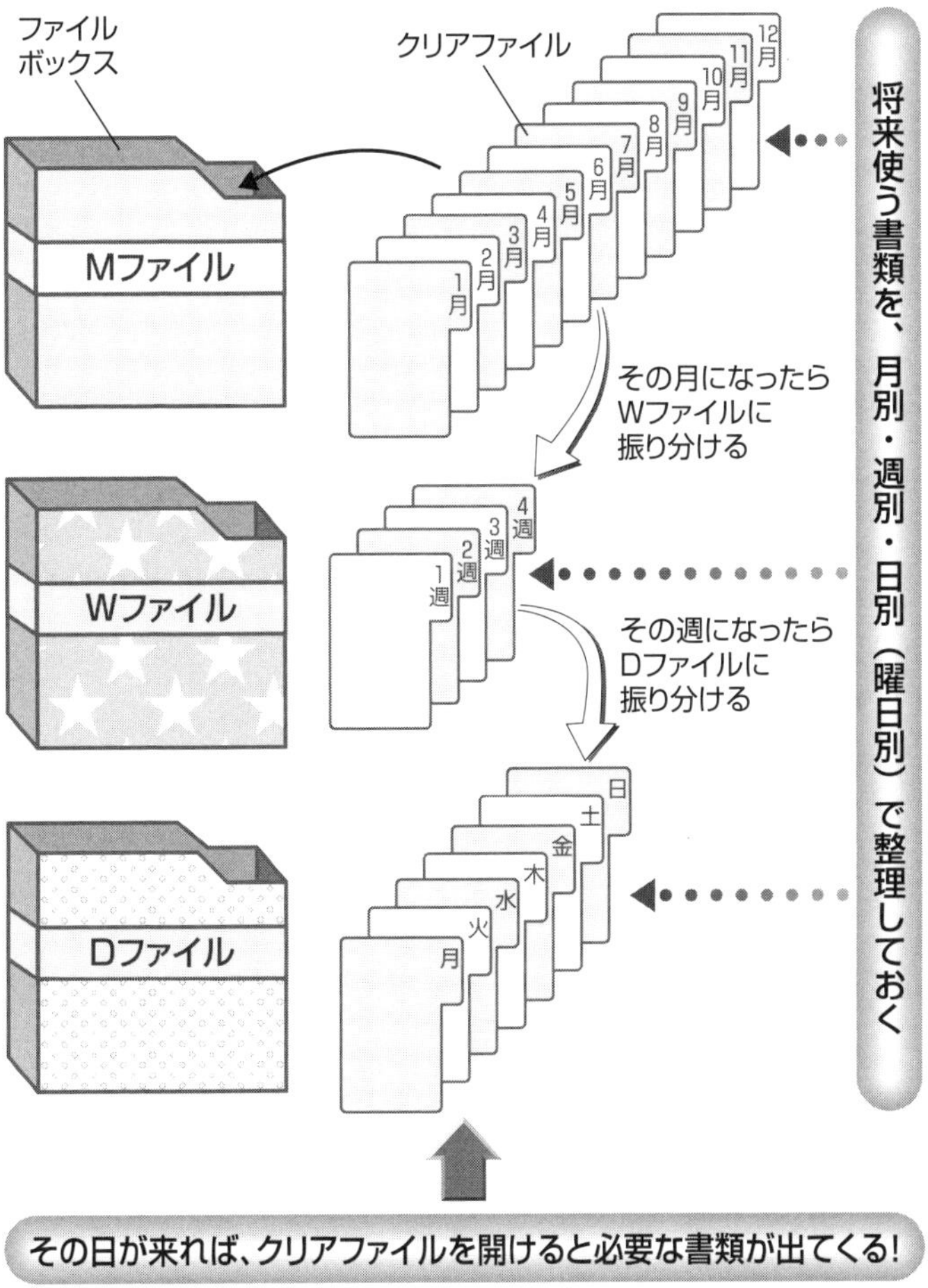
ファイルボックス
クリアファイル
12月
11月
10月
9月
8月
7月
6月
5月
4月
3月
2月
1月
Mファイル
その月になったらWファイルに振り分ける
4週
3週
2週
1週
Wファイル
その週になったらDファイルに振り分ける
日
土
金
木
水
火
月
Dファイル
将来使う書類を、月別・週別・日別（曜日別）で整理しておく
その日が来れば、クリアファイルを開けると必要な書類が出てくる！

12 処理・整理できない書類は「未決ファイル」に入れる

「現在ファイル」「未来ファイル」とは少々、意味合いが違いますが、私のデスクには「未決ファイル」というA４ファイルもあります。これも、情報整理には欠かせないツールなのでぜひ作ってください。

私は毎日、秘書さんからたくさんの（未決）書類を渡されます。これらは、私が処理なり整理なりをしなくてはいけない書類です。

そのほとんどはすぐに、処理するなりファイルに整理するなりしてしまうのですが、中にはそのどちらも現時点ではできない場合があります。うまく処理するアイデアが思い浮かばなかったり、どこに整理すればいいか迷う時です。

こういう時は、無理に片付けようとするとかえって判断を誤ることがあります。だからそういう愚を犯さないためにも、暫定的に未決ファイルに入れておいて、しばし寝かせるのです。

私は常々「何事に対しても、すぐにアクションを起こすのではなく、まずそれを達成するための一番効率のいい方法を考える。そして一息おいてから、最短距離を一気に走る」ということを心がけています。とくに〝いい話〟だと、勢いで突っ走りがちなので要注意です。

そんな時に、無理に処理するのではなく、暫定的に未決ファイルに入れてしばらく寝かせることは、気持ちをクールダウンさせる上でも大変有効です。

未決書類があると、確かに精神衛生上よろしくありません。とにかく早めに処理してしまった方がいいように思いがちです。しかし、しばらく寝かせて一呼吸おき、情報の比較検討も行った上で諾否、要不要を決めた方が、結果的には判断を誤らずにすむでしょう。

私はこれを「未決書類を醸造する」といっています。

そしてしばらく醸造してから、未決ファイルに入っている未決書類を、適宜片っ端から「未決↓済み」の状態にして、現在ファイルなどに綴じ込んでいけばいいだけのことです。

13 名刺を一目見れば「いつ、どんな経緯で」会ったかがわかる方法

名刺は時間とともに膨大な量が手元に集まるので、しっかり整理しておかないといざという時に役に立ちません。

私は、すでに名刺の管理をパソコンを使ってデジタルでやるようになりましたが、つい最近までは現在ファイルの中に「名刺ファイル」を作って、そこでアナログ管理をしていました。その時に編み出した名刺管理のコツも、ここで一つご紹介しておこうと思います。

私は名刺をもらうと、先方と別れてからその名刺に「いつ会ったのか」を書き込むクセをつけておきました。ここまでなら多くの方も実践していると思うのですが、クマガイ式ではその書き込み方にちょっとした工夫があります。

もしこちらから声をかけ、弊社にお越しいただいた場合には、名刺の上部に日付を書き込むのです。先方から声をかけていただいて、やはり弊社にお越しいただいた場合は、名刺の右部に日付を書き込むのです。

名刺の日付記入方法

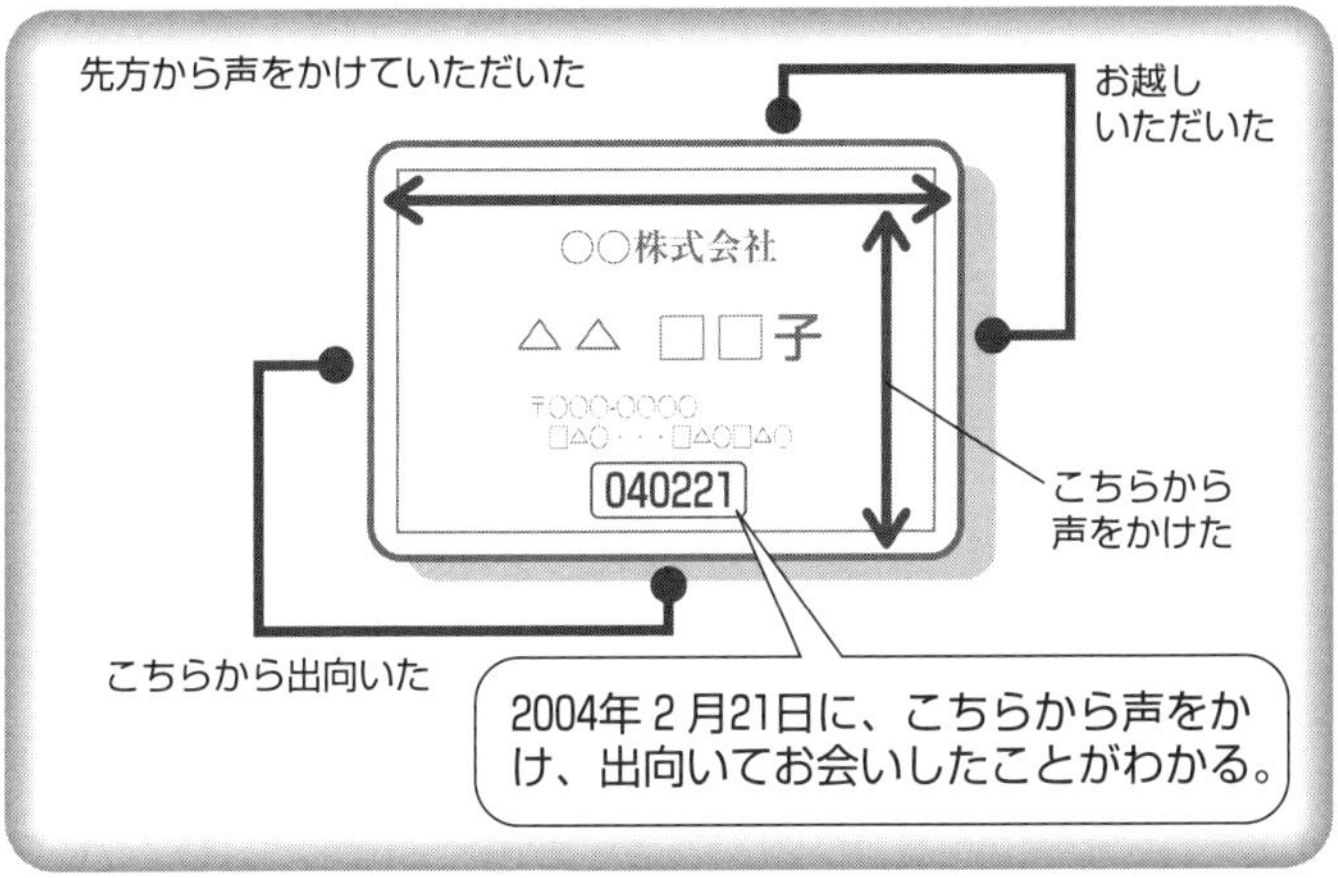

また、こちらから声をかけてどこか弊社以外の場所でお会いした場合は、名刺の下部に日付と場所を書き込み、先方から声をかけていただいて弊社以外の場所でお会いした場合は、名刺の左部に日付と名前を書き込みます。

こうしておけば、その名刺を見ただけで、「いつ、だれと、どこで、どちらから声をかけて会ったのか？」が、一目瞭然なので大変便利です。

このようなちょっとした工夫でも、アナログ式情報整理は格段に効率化するのです。

14 A4ファイルはすべてクリアファイルで統一する

すべてのA4ファイルに共通して言えることですが、ファイルは中身が見えるようにクリアファイルを使うのがいいでしょう。中身をわかるようにしておいた方が、何が入っているか一目瞭然なので何かと便利です。

いちいち中を確かめないと中身がさっぱりわからない状態より、ちょっとでも中身が想像できる方が記憶にもひっかかりやすいし、資料を探す時にも手間が省けます。

中にはもう少し凝って、クリアファイルの色をそれぞれ変えたいと思う方もいるかもしれません。たとえば、「○○プロジェクトに関する書類は緑のクリアファイルに」「未決書類は赤のクリアファイルに」といった具合にです。

一見きれいで効率が良さそうですが、私はファイルを色分けすることはお勧めしません。ファイルにある色の数で、ファイルの数に制限がかかったり、意味のない色分けになる恐れがあるからです。

また、透明なクリアファイルの方が中身がよくわかるという理由もあります。

15 本棚はジャンル別に整理する

私は本もたくさん読みます。経営や会計については大学院や専門学校で集中的に学んだことはなく、それらはすべて本と現場で学びました。

そんな大事な情報源の「本」ですが、情報整理の中でこの本についてだけは、「サイズ・形統一の原則」に反してもやむなしとしています。というのも、この原則を当てはめるとどうにも使いにくいのです。

本棚は日常目に触れる家具でもあるので、サイズを揃えてきれいに整理したくなります。ただそうすると同じジャンルの本があっちにあったり、こっちにあったりで、探すのに手間取ります。

そこで本に限って、私は「サイズ・形統一の原則」を無視して、図書館方式を採用しました。つまり自宅の書庫に、ジャンル別に整理しているのです。見た目より時間の方が大切だからです。

私の本棚には「経営」「金融」「経済」「実用」「英会話」「ビジネススキル」「歴史」

など、ジャンル別に分けた本が凸凹に並んでいます。分厚い立派な本もペラペラの小さな本も、背の高い本も横長の本も、ジャンルが同じであれば居を同じくするグループです。

いささか見栄えは悪いものの、欲しい本が一発で見つかるのは気持ちのいいものです。

第4章

夢をかなえるための情報収集術

有益な情報の集め方と活かし方

1 情報収集の基本は「夢」「赤ペン」

前章までで情報整理のノウハウについてお教えしてきましたが、読者の方の中には「整理するも何も、そもそも情報がそんなに集まらなくて。それが悩みの種だ」「なかなか良い情報が手に入らない」とお悩みの方もいらっしゃるかと思います。

そこで本章では、話は前後するのですが情報整理の前の段階である、情報の集め方、良い情報の見極め方、有効な使い方、あるいは情報の持つ性質について、少しお話をしようと思います。

はじめに情報収集の基本ツールについてですが、これは前著『一冊の手帳で夢は必ずかなう』で「夢」「赤ペン」「比較」と書きました。前著を読まれた方には繰り返しとなってしまい恐縮ですが、大切なことなので、本書ではとくに「夢」と「赤ペン」について、キチンと説明させていただきます。

まず「夢」です。私はよく「夢は貴重な情報を引き寄せる『磁石』のようなもの」とみんなに言っています。「夢を実現させたい」という強い気持ちと、そのための思考・行動のテーマを持ち、目的意識を持って情報収集に臨めば、誰もが見ている同じ情報の中からでも「宝の山」を見つけることができます。

たとえば、新聞の朝刊を読むという行為一つを取っても、夢を意識して読むのと読まないのとでは、いい情報が得られるかどうかが大きく変わってきます。おそらく多くの方々は、朝起きてとりあえずテレビを付けたり、新聞を開いたりして情報を集めていらっしゃるのではないでしょうか。もちろん、これが悪いわけではないのですが、新聞を開く前に自分の夢や目標を確認すると、より情報に対する感度、情報を集める磁力を高めることができるのです。

私は朝六時に起きると、まず片時も離さずに枕元に置いてある手帳を開きます。そこには自分の夢の一覧や、この先やらなければいけないことの一覧が書かれてあるので、ざっと目を通して夢のおさらいをします。

朝起きて食事をしながら新聞やテレビを見るのではなく、まず自分の夢を軽く整理してから、その上で新聞などのメディア情報と対峙《たいじ》するのです。これだけの〝儀式〟を行うと、問題意識は自然と高まり、自分にとって有益な情報をキャッチするアンテナのメンテナンスとなるのです。

情報収集のもう一つの基本「赤ペン」については、後ほど詳しくご説明します。

2 情報を選別する目を養う

私は常々、情報収集については「情報を見つける目」を養うと同時に「情報を選別する目」も養うことが大事だと説いています。この「選別する目」というのは、大変重要な武器になります。全員が同じ情報を手にした時などに、その差はハッキリと出ます。

私がGMOグローバルメディアオンライン（現GMOインターネット）という企業を立ち上げ、社会からご支持をいただけたのも、この「選別する目」のおかげかもしれません。というのも、ITが今後社会で大きく伸びる分野であることは誰もが知っていた情報であり、私だけ特別な情報網を持っていたわけではないからです。

前著で私がインターネット事業に着手した経緯をご紹介したところ、読者の方から「自分にも同じだけの情報が与えられていた。熊谷さんがキャッチした情報は、何も特別なものではない。それなのに、私は情報に何ら反応できなかった。あっぱれだと思う反面、非常に悔しくもある」というお便りをいただきました。私とこの方に何か差があったとしたら、「情報を見つける目」ではなく「情報を選別する目」だったのではないでしょうか。

とくに情報化社会においては、情報は瞬く間にすべての人に周知となる傾向があります。とすると「情報を見つける目」だけ持っていたのでは、みんなと同じラインに立つことしかできません。一歩先に行くには「選別する目」を身につけ、より早く重要な情報を見極めてアクションを起こす必要があるでしょう。

一流の宝石商や美術品鑑定士は、たくさんの本物や偽物を見ることによって経験値を高め、一目で本物を見抜く目を養います。「情報を見極める目」も同じです。日々、玉石混淆の情報に触れることによって磨かれます。

「情報は量ではない」とはよく言われることですが、「量」を制覇しないと「質」を見極めることができないのもまた事実なのです。

夢や目標を明確にして情報収集に挑み、最初のうちはとにかく「量」を集めるように心がければ、いつのまにか「情報を選別する目」が養われ、自然とディープな情報にたどり着くことができるようになります。

3 情報は通貨。原資を投資して増やす

情報をたくさん集めると、よりディープな情報に到達することができます。これは本当です。いつのまにか情報が集まって、気がついたらディープな情報も入手していたということもありますが、この法則に気付いているのなら利用しない手はありません。つまり、もし何かのディープな情報を今すぐ手に入れたいと思ったら、とにかく情報をたくさん集めればいいのです。

たとえばある日私は、あるメディア事業の幹部とお話しをする機会を持つことになりました。でも私は、その業界についてはあまり詳しくありませんでした。もしそのままその幹部とミーティングをしていたら、きっとその幹部からは、よく言えば素人でも取っつきやすい、悪く言えばあまり大したことがない話しか聞き出すことができなかったでしょう。

そうならないように私は、前日に業界通の人に電話を入れて、その業界の最新情報を頭の中に叩き込みました。「にわか情報」といえば確かにそうなのですが、これは決

してムダではありません。

相手は、私がある程度の情報は知っているのだという前提で話をしてくれるので、限られた時間の中で、より深い話までしてくれるようになります。また私自身も、ある程度の情報が頭にあるので、的を外さないで質問を投げかけることができます。

情報の入手はお金の投資と似ています。お金は、より多い原資を投資するほどリターンも多くなります。情報も、ある程度の情報を相手にギブすれば、それを上回る情報がテイクできるということです。情報はお金のように目には見えませんが、交流の触媒として確かに存在しているのです。

よく自分が門外漢の分野の人に会う時に、こう言って開き直る人がいます。「どうせ自分は素人なんだ。今から一夜漬けの勉強をしたってしょうがない。何も知らないことを正直に話して謙虚に耳を傾けよう」

人に話を聞く時に謙虚になることは良いことなのですが、これでは種銭を持たずに投資をしようとしているようなものです。そんな態度では、いずれ誰も会ってくれなくなるでしょうし、たとえ会ってくれたとしても良い情報は得られないでしょう。

情報も人と人との間を流通する「通貨」として、その重要性を認識するようにしましょう。

4 「メディア情報」と「人情報」をバランスよく集める

情報は、その種類を二つに大別することができると思います。それが「メディア情報」と「人情報」です。どちらが大切かということではなく、どちらもバランス良く集めないと良い情報は集まりません。

「メディア情報」とは、新聞や雑誌、テレビやラジオといった、いわゆるマスメディアから得られるような情報です。紙や電波という定型のフォーマットで配信されるので「定型情報」ということもできます。インターネットから得る情報もメディア情報と言えるでしょう。

「人情報」とは文字どおり、人から得る情報のことです。誰かの話を聞いて得た情報や、その情報についてその人がどう感じているのかも人情報です。さらにはその時の相手の表情や反応も重要な人情報です。

一般的にはメディア情報は誰にでも容易に獲得できますが、人情報を得るには努力が必要です。だからといって、人情報の方が価値が高く、これだけ集めればいいというわけではありません。

というのも、いい人情報を集めるためにはメディア情報を集める必要があるからです。メディア情報をたくさん集めてこそ「この情報は、あの人に聞くのが良さそうだ」ということがわかるのです。メディア情報が不足していると、ベストではない人から人情報を入手してしまう恐れもあります。

また先ほどもお話ししましたように、情報は通貨のような性質があります。メディア情報をたくさん集めれば、人は会ってくれるようになりますし、よりディープな人情報も提供してくれるようになります。

私は基本的には、メディア情報は主にA４のファイルボックスやパソコンに、人情報は主に手帳に残しておくようにしています。これは、メディア情報は保存しやすいし、人情報はメモにとる必要があるからこう分けたのですが、この「メディア情報」と「人情報」は、時には意識してみることも大事です。

自分ではたくさん情報を集めているつもりなのに、なんだか良い結果が得られない、という時は、ひょっとしたらどちらかの情報に偏って集めているかもしれません。

夢をかなえる、目標を達成するためには、メディア情報も人情報もバランスよく集めて正しく判断する必要があるのです。

5 メディア情報の収集では時間のロスに気をつける

「何となく情報収集をしようと思ってネットサーフィンをしていたら、知らない間に二時間が過ぎてしまった。そのわりには何の収穫もなかった」

「情報収集のために新聞・雑誌を読んだのに、目的とは関係のないスポーツや芸能、事件の記事ばかりに目がいってしまった」

誰しも、こういった経験をお持ちでしょう。メディア情報を手に入れる時には、注意しなければいけないことがあります。それは、テレビや新聞などのマスメディアには、近づいてきた人の時間を奪うための仕掛けがあるということです。

マスメディアは、読者・視聴者の興味を引くためについつい読みたくなるタイトルのついたおもしろい情報を湯水のように流しています。記事・番組のそこここに情報の受け手がひっかかる「面白い話」を仕掛けているのです。それにいちいち引っかかっていては、いくら時間があっても足りません。

また私は、最近の流行ぐらいは知っておこうという目的で見たり、一家団欒《だんらん》の食事の場でテレビをつけるということはありますが、何かの番組が目当てでテレビを付けるということはあまりありません。というのも、テレビから情報を得るためには、一定の時間を拘束されてしまうからです。

新聞なら五分、十分といった感じで自分が時間の主導権を握りながら情報を集めることができます。しかしテレビの場合は、三十分番組なら三十分見ないと完全な情報が手に入りません。最初の五分を見るだけで「どんな番組かの見当ぐらいはつく」かもしれませんが、それでは情報を得たことにはなりません。「結論だけ知りたいから最後の五分だけ先に見せてよ」というわけにもいきません。

それにテレビには放送時間というものがありますが、これもクセモノです。一時間番組だと、決まって毎週（毎日）一時間放送します。つまり、もしその週に大した情報がなくてもテレビは一時間しっかり放送するのです。自分で時間がコントロールできないことに対して我慢できない性格の私は、だからテレビはほとんど見ないのです。

ただしテレビは、「ライブの感動を得る」ことができるメディアであり、この点では活字メディアを大きく上回っています。そこで私は、何か特に見たいテレビ番組がある時には、ハードディスクレコーダーに録画して、放送時間に縛られることなく自分のペースで見るようにしています。

もちろんテレビだけではなく、新聞についても疑ってみる必要があります。新聞にはテレビの放送時間と同じように、紙面の枚数というものが決まっています。毎日毎日同じ枚数の情報が届けられます。大事件が起こって号外を刷ったりすることはあるでしょうが、目新しいことがないからといって休刊したり、枚数を減らすということはしません。

つまりテレビと同様「あまり大したことのない情報」もそこにあるかもしれないということです（マスメディア関係の方々、ごめんなさい！）。

メディア情報を発信するマスメディアには「情報を伝える」という機能と同時に「情報を見て（読んで）もらわなければならない」という側面もあるのです。このあたりは私も広告の出稿主という立場もあり、もどかしいところなのですが、時間の節約や良い情報を入手するためには気をつける必要があると思います。

後で詳しくお話ししますが、私は新聞を最高の情報源として考えています。しかし、端から端までくまなく目を通すことをお勧めはしません。それは、今お話ししたような理由があるからです。

私の新聞の読み方については、後ほどご紹介させていただきます。

6 情報を組み合わせると夢への近道が見えてくる

「発明は組み合わせ。消しゴム付き鉛筆を思い出そう」

常に新しい技術やサービスを開発することを思い描いている私はしょっちゅう、この言葉を自分自身に向かって投げかけています。

消しゴム付き鉛筆は、米国のリップマンという画家が発明し、一八五八年に特許を取得したものです。当時のお金で二億円も儲かったそうですが、そもそもの発想は「絵を描いていると、よく鉛筆か消しゴムのどちらかが〝行方不明〟になる。いっそのこと合体させたら探す手間が省ける」と考えたことにあります。

きわめて単純な組み合わせながら、この発想が多くの人々を喜ばせ大きな利益を生み出したわけです。

あるベンチャー企業の経営者からこのエピソードを教えていただいた私は、さっそく手帳にメモをして繰り返し読み返し「何かいい組み合わせはないかな」と模索しています。組み合わせるのはもちろん情報です。

たとえばGMOインターネットグループ最初の大ヒットサービス「interQ ORIGINAL」もそうです。これは、インターネット接続事業とNTTの料金回収代行システム「ダイヤルQ^2」を組み合わせたものでした。既存の事業の組み合わせから、世界初の「いつでも、どこでも、誰でも使える非会員制の接続サービス」を生み出したのです。この非会員制のプロバイダ事業は、フランチャイズという既存の商売の手法と組み合わせることにより、わずか一年数カ月で全国に五十カ所以上の営業拠点を設置する広域ビジネスへと進展しました。

このように既存の技術やサービス、ビジネスモデルなどを組み合わせれば、今まで誰もやったことがない、発想したことがない発明をすることも可能だということがご理解いただけたと思います。

言うまでもなく情報は、世の中の誰かが取り組んでいる何かについて、その内容をさまざまな視点から知らせるものです。できるだけたくさんの情報を手に入れ、自分の夢に貢献してくれる上質な情報を組み合わせることが、夢への近道になります。

頭は使うためにあるのですから、誰かが考えたことを発展させようとすることが重要です。上質な情報を収集・整理し、夢という観点から組み合わせを考える。それが情報を有効に活用して、最短距離・最少時間で夢を達成する秘訣だと言えるでしょう。

7 三大情報源は「人」「紙」「ネット」

さまざまな分野の専門家を中心とする「人」、新聞・雑誌・書籍等の「紙」、そして電子媒体である「インターネット」――これらを私は「三大情報源」としています。

まず「紙」について。たとえば新聞には、何千～何万人もの記者が世界中を走り回り、「足で得た」情報が満載されています。この人海戦術で集めた情報量は貴重です。余計な憶測記事や情緒的な記述がないところも、事実を端的に、正確に知る上で大きなメリットだと思います。

また雑誌には「新聞では書けない」記事や、ビジネスの深部に迫るレポート、新製品や新技術開発の舞台裏等、自分自身では覗き見ることのできない世界の情報が詳細に記されています。非常に勉強になる媒体だと言えるでしょう。

書籍も重要な紙の情報源です。書籍には優れた人物が開陳するビジネスのノウハウや専門知識が詰まっています。知識や教養、ビジネススキルを磨く啓蒙書として、私は多くの本を愛読しています。

次に「インターネット」ですが、インターネットは百科事典のようなものです。以前は、情報は豊富にあるもののなかなか目的の情報にたどり着けないといった声もありましたが、今では弊社の9199.jp（http://www.9199.jp/）などのサービスを使えば同時に一発検索が可能になり、知りたい情報が瞬時に検索できるようになりました。これは大変大きなメリットです。

インターネットなら地球上にあるすべての国の情報に簡単にアクセスできるので、便利さでは情報源の中でもピカイチでしょう。

そして「人」。活字や映像を通して流れるものだけが情報ではありません。最も詳しい情報を持っているのは、現場で活躍するプロの人です。誇張のない現実を知り、世の中にまだ認知されていない何かの可能性の芽をキャッチするためには、「人」は大事な情報源です。

この三つの他の情報源としては、テレビやラジオ、あるいはビデオ、CD、DVDなどもあります。ただしこれらは娯楽性の高いプログラムが大半なので、情報源としての使用頻度はかなり落ちます。

とくにテレビについては、先ほどもお話ししたとおり私はあまり見ません。核心に入るまでの脚色が多いため、時間がもったいないからです。見たい番組がある時は、ビデオやハードディスクレコーダーに録画して見たいところだけ見るようにしています。

ところで、いずれの情報源に接するにせよ私には共通のあるルールがあります。それは、見聞きした情報をいつでも利用できる情報として保存するために、必ず横に手帳を置いて情報収集をしているということです。

たとえ「世の中の流行を知るため」「家族団欒の時間を過ごすため」にテレビを見ていても、いつ自分にとって有用な情報がテレビから得られるかもしれません。それを逃すと大変です。

私は、たとえお酒の席でも手帳を常に手近なところへ置いておきます。

「酒の席の話をいちいちメモしていたら興ざめだ。酒がまずくなる」

とおっしゃる方もいるでしょうが、その時の話が後々大きな役に立たないとも限りません。むしろ、そういった場で生まれた貴重な情報を見逃したり忘れてしまわないことこそ「おいしいお酒」だったと言えるのではないでしょうか。

というわけで私は、どんな情報源に接する時でも手帳を手放しません。

8 「新聞」は赤ペンを片手に読む

本や新聞、雑誌、書籍等の「紙」情報を読む時、私は必ず赤ペンを手にしています。そして夢によって研《と》ぎ澄まされた情報アンテナが「ピピッ！」と作動して、「この情報は役に立つよ」と知らせてくれた記事を赤ペンで囲みます。

その後、気になる箇所やポイントに赤ペンでラインを引きながら、記事をじっくりと読みます。こんなふうに記事を読むと集中力が高まり、ポイントを素早く理解できます。

受験勉強を思い出してください。試験間際になって必死で勉強するような時、出題されそうな重要な記述にラインを引きながら教科書を読みませんでしたか？　無意識のうちに、そうやって集中力を高めていたのだと思います。当時の必死さ、真剣さを思い出して、「紙」情報に接触することをお勧めします。

ところで、「紙」情報の中で私が最も重視しているのは新聞です。父から「新聞にはすべての情報がある」と教えられ、「そのとおり」だと実感した二十歳の頃から、日本経済新聞、日経産業新聞、日経流通新聞を毎日欠かさずにチェックしています。この三紙に、上場してからは日経金融新聞が加わりました。さらにビジネスに特化した新聞として、パソコンや不動産関連の業界紙を購読しています。

情報を得る手段として新聞を読むということは、実は一番時間がかかる作業です。でも決して無視することはできない情報源なので、私はすべて読むようにしています。朝まとめて読み切れなかった新聞は、その日のコマギレ時間を使って、それでも読めない時は、土日を使ってでも全部目を通します。

もっとも、隅から隅まですべての記事を精読するということではありません。新聞には紙面が決まっていて、たとえ書くことがなくても毎日同じページを使って作成されることは、先程も述べたとおりです。重要性の低い記事や自分には役に立たない記事もあるわけで、それらをすべて読んでいたのでは時間のムダです。

そこで自分の役に立ちそうな記事だけを素早く読む方法が必要なのです。

まず、いきなり新聞を読んではいけません。その前に、先ほどお話ししたとおり自分の夢や目標を確認するのです。私の場合は、それらはすべて手帳に書いてあるので、朝起きたらパラパラとそれをめくり確認します。

次に、朝までに届いているメールの処理をします。まだ新聞は読みません。今、この時点までに届いているコミュニケーション情報について確認するのです。そしてそれが終わってから、ようやく新聞に目を通すのです。

「夢・目標の確認」→「コミュニケーション系情報の処理」→「一般情報の入手」

これが鉄則です。多くの方は、まず一番先に一般情報（新聞）の入手に着手されているようですが、それでは無闇に情報がインプットされることになります。朝の寝ぼけ眼でいきなり新聞から情報を得ようとすると、自分の目標達成にはあまり関係のない記事でも、見出しの大きさや扱いの大きさに惑わされて精読してしまい、時間をムダにするかもしれません。

またメールなどを見ておかないと、急な事態や急ぎの要件があるにもかかわらず、のんきに芸能ニュースを読んでいるかもしれません。

朝は忙しいからここまでしていられない、という人もいるでしょう。でも、できれば毎日この順序に従って新聞を読みたいものです。優先順位や問題意識を明確にしてからの方が、情報収集は絶対に効果的なのです。そうすれば良い情報も集まりやすいし、情報の入手と同時に「これは、あの目標のために必要な情報だな」と判別できるので情報の整理も格段に早くなります。

また新聞を読む姿勢にも、ノウハウがあります。折り畳んで読まずに、床に広げてヒザをついてちょっと屈んだ姿勢で見開きページ全体を見渡してから、じっくり読むのです。こうすれば記載されている記事のすべてが一度に目に飛び込んできて、自分のアンテナにひっかかる記事がその中から浮き彫りになってきます。

そして一見開き読み終わるごとに赤ペンで囲んだ記事は余白に日付を入れ、ページごとに切り取ります。後で記事だけを切り出してＡ４サイズの紙に貼ってファイリングしたり、手帳サイズに折ってリフィルに貼り付けて携帯したりしています。

この作業は、現在は秘書さんにお願いしていますが、昔は自分でやっていました。とくに重要な記事は、ちょっと時間が空いた時などに何度も読み返せるように手帳に綴じ込み、今はあまり必要ないけれど、いつか利用できそうな記事はＡ４ファイルに保存するのが習慣です。

9 雑誌、書籍の余白はメモのスペース

雑誌については、金融とウェブ関係のものを中心に三十誌ほど購読しています。雑誌は新聞のように床に広げることはできませんので、最初に目次を見て、見出しで引っかかった記事だけを読むようにしています。読み方やファイリングの方法は新聞とまったく同じです。

書籍は、夢や目標に関係がありそうなテーマで少しでも「読んでみたいな」と思った本は片っ端から買っています。

時間節約のためにもっぱらアマゾンを利用して、新聞や雑誌の広告や書評欄からピックアップしたものを購入していますが、時にはネットで検索したり実際に本屋さんに足を運んで選んだりもします。メディアに引っかからない本の中にも、私の夢を左右する原資となる情報を持ったものはあるからです。私は、

「情報は集めれば集めるほどスケールメリットを生む」

と確信しているので「足を使った情報収集」も怠らないのが信条です。実際、本屋

さんへ行くと情報アンテナが活発に機能し始めます。本屋さんは情報の宝庫です。

もちろん、本を読む時も赤ペンを手にしています。そして同時にシャープペンシルも用意しておきます。本の一文から思いついたアイデアや生じた疑問を、背表紙やページの余白にメモするためです。

おかげで私の蔵書はどれも線とメモだらけ。学生さんの教科書のようになっています。でも「書く」という行為を通して重要な情報が脳に強烈にインプットされ、いつでも必要な時に取り出せるようになります。

こうして得た本の情報は、とくに重要な部分をコピーしてファイルしたり、格言のような短い一文ならポストイットに書いて手帳に貼ったりして保存しています。

もちろん本棚に眠らせておく情報もありますが、赤ペンとシャープペンシルを持って読んだ本の内容はしっかりと記憶に残っています。ふと「あの本の情報が生かせそうだ」と思った時は、ページをパラパラとめくるだけで赤線とメモが記憶を呼び起こしてくれます。

新聞もそうでしたが、「紙」情報については「目で読む」プラスアルファの要素として「手で書く」ことが重要なのです。

10 ネット情報も時には紙情報に変換する

インターネットは、欲しい情報を入手する時間を、従来とは比較にならないほど大幅に短縮化してくれる情報ツールです。

ほんの十数年前まで、何かを調べるとなると、図書館に行って蔵書目録のインデックスを一枚一枚めくったり、本屋さんの〝はしご〟をして探し回ったり、数カ月から数年分もの新聞の縮刷版に目を通したり、ものすごい時間をかけていたのがウソのようです。キーワードを打ち込むだけで、どこにどんな情報があるかを瞬時に発見することができます。

つまり、かつて情報探しに使っていた時間を丸ごと他のもっと重要な仕事に回せるようになったのです。もはや「私はアナログ人間だ」なんて開き直っている場合ではありません。「ネット」情報を縦横無尽に使いこなすことは、現代ビジネスマンの必須スキルです。

とはいえ「ネット」情報にも難点はあります。いい情報を見つけても、赤ペンで線を引いたりメモをしたりすることができない点です。画面の文字を目で追うだけなので、「紙」情報ほどには内容が頭に浸透していかないのが難点です。

「ちょっと調べごとをする」だけならそれでもいいのですが、じっくり読んだ上で情報としてファイルするのには適さないのです。

このデメリットを克服するために、私はとくに「思考する」仕事に関わる重要な情報については、プリントアウトして「紙」情報化しています。「ネット」情報も「紙」化すれば、「紙」情報の情報収集術である「赤ペン&シャープペンシル」が使えます。これならしっかりと頭に入ってくるでしょう。

ネット上の情報をわざわざプリントアウトするなんて、そんなの時代錯誤だよ。ムダだよ。こういう意見もあると思います。しかし私はそうは思いません。

私は自分自身がＩＴ企業の経営者なのですが、決してＩＴ万能論を唱える者ではありません。というのも、いくらＩＴが急速に発達したとしても、人間の脳はそれに伴って急速に進化することはできないからです。

この先十年後はどうなっているかわかりませんが、少なくても現時点では情報整理は、ＩＴとアナログの組み合わせが一番効果的であり、効率的だと私は考えています。

11 私のネット情報源

インターネットには、百科事典のように「必要な時に情報を検索する」機能の他にも、新聞のように「定期的に情報を届けてくれる」機能もあります。たとえば、メールマガジンもその一つです。

私は現在、数十誌のメールマガジンを購読しています。これらはすべて、専門的なメルマガばかりです。私は、出張先でどうしても新聞を入手できないなどの事情がない限り、記憶性に富まないことなどから、インターネット上でゼネラルなニュースは、ほとんど読むことがありません。しかしメールマガジンについては、かなり読む方です。読者をある程度限定していることもあって、ディープな情報が手に入ります。

また、インターネットでキーワードを設定しておくと、自動的に関連情報をクリッピングしてくれる「RSSリーダー」（P192）というサービスも利用しています。これは、その時々に必要な情報をウェブサイトから集めるのに非常に便利です。

さらに重宝しているのがメーリングリストです。メーリングリストとは、一つのメールアドレスに送るだけで、メンバー全員にメールを送ることができるというサービスです。みなさんもおそらく、組織で、あるいは同窓生グループや異業種交流会などの仲間たちとの間で、メーリングリストを利用されているでしょう。

何と言っても、メーリングリストは一度に大勢の人にメールを送れるので、［宛先］や［Ｃｃ］［Ｂｃｃ］欄に全員のアドレスを入力する手間がかかりません。

また、一人ひとりにお伺いをたてるまでもなく、多くの人に一斉に「情報をちょうだい」とお願いすることが可能なので、情報伝達および収集に要する時間を劇的に減らすことが可能です。

なお、メーリングリストは情報を共有するツールであると同時に、知りたい情報がある時に「人」情報を得るツールでもあります。これはある意味で、「ネット」情報の「人」情報化と言えます。

このように、「ネット」情報は必要に応じて、「紙」化、「人」化できる柔軟性をも持ち合わせているのです。これも大きな魅力ではないでしょうか。

12 「人」情報の基本はギブ&テイク

紙媒体と電波媒体から収集する「メディア」情報は、誰もが手に入れられる、いわば一般的な情報です。これにプラスして重要なのが、社内外のさまざまな人と生で話すことから得られる「人」情報です。

「メディア」情報をたくさん集めることの意味は、それらの情報を、自分自身の情報として蓄積することにあります。メディア上に流れる情報を踏まえた上で、自分の夢・目標に関連する事柄に詳しい、言い換えれば専門的な知識・経験・人脈などがある「人」に会えば、もっとディープな情報を引き出すことが可能になります。自分とはまったく異なる観点からの考察も得られるので、それが刺激になって新しい夢や目標が芽生えることもあります。

つまり「人」情報は「メディア」情報に幅と奥行きを与えてくれるものなのです。夢に向かって行動を起こす際の判断力を、いっそう確かなものにしてくれるものでもあります。

ビジネスにおいては「人脈を広げる」ことが非常に重要だとよく言われます。しかし、一般的な情報も持たず、得意とする分野が何もない人が、人脈を広げるのは不可能というものです。せいぜい、「面識がある」程度の関係しか築けません。

これは、自分の身に振り返って考えれば、納得できるはずです。あなたは、何の知識も情報もない人と会いたいと思いますか？

仕事だけではなくプライベートな人づき合いにおいても、話題が豊富で、自分の知らないことをたくさん知っている人と会った方が楽しいのではありませんか？

自分の持てる知識・情報と、相手のそれを擦り合わせながら会話が進むことに、喜びを感じるのではありませんか？

互いを刺激し合う会話ができるかどうかが、「人」情報の量と質の決め手になるのです。つまり、「人」情報で特徴的なのは、情報をやりとりする中で、互いがメリットを得られる「ギブ&テイク」の関係が核になる点です。

自分自身が、どんな分野の専門家とでもある程度の会話ができるだけの豊富な知識や情報を有し、かつ特定の分野に関しては経験で培った多くの詳細にして深い知識や情報や人脈を持っている人であることが求められるのです。そういう人になって、そういう情報武装ができてはじめて「人」情報は得られるのです。

何も、相手が大物だから、接点がまったくない人だからといって、怯《ひる》むことはありません。「この人に会いたい」という強い思いと、相手に「会ってみる価値がありそうだな」と思われれば、必ず会うことができます。

そのためにもまず、日ごろからメディアや他の人からの情報収集に励み、自分と自分の情報の質を高める必要があります。

第5章

夢をかなえるための時間節約術

段取りと小さな工夫の積み重ねが時間を増やす

1　一秒の積み重ねを大切にし「一日一改善」を目指す！

情報整理や整理整頓を含めて、時間を創造する上で大切なのは「一秒」を大切にするということです。「メールを出す時間を十秒短くしたところで何ができる？」とバカにしてはいけません。毎日の決まった行動でも、それに要する時間を一分短縮できれば、一カ月で三十分、一年で六時間という時間が手に入るのです。六時間あれば、一日分の仕事ができます。

また何事にもあてはまるのですが、「損益分岐点」という考え方があります。この分岐点に来るまでなかなか大変だけれど、この点を超えるとブワッと利益がでるという点です。時間の節約についても、このことが当てはまります。

つまり、ちょっと時間管理をかじって「あんまり効果がないな」と諦めていては、いつまでたっても損益分岐点を超えないのです。一定期間頑張ってこの損益分岐点を超えれば、あなたは自分が夢に使える時間が一気に増えたことを実感できるでしょう。

そのためには私が本書でご紹介したノウハウ以外にも、みなさんもいろいろと情報整理や時間短縮の工夫を考えてください。私も「一日一つの改善」を目指しています。

改善は、どんなものでも構いません。極端な話「どうすれば髪の毛を洗う時間を三分短くできるか」「部屋を行ったり来たりする回数を減らす工夫はないものか」「絡まらないようなコードの巻き方はないか」なんてことでもかまいません。

私の改善例で言うと「ジムで着替える時はネクタイを完全にほどかないで輪っかのままにしておくと、帰りに素早くネクタイを締められる」という改善がありました。

また「熊谷巻き」なる独自のコードの巻き方を生み出しました。熊谷巻きとは、コードを十五センチくらいの長さに畳んでいき、残りをコイル状に巻き、両端にできる輪のどちらかに最後にプラグを通す巻き方です。コードはぐちゃぐちゃに丸めておくとスッキリと収納できないし、いざ使う時に周囲の物に引っかかってなかなか出てこないことが多々あります。そのイライラを解消しようと、船のロープの巻き方をヒントに改善したのです。

人とサルの違いは、先人の考えに自分の考えを付け足してその考えを前進させることができる点です。毎回ゼロベースで考えていてはサルと同じです。読者のみなさんもどうか、先人の考えに「一日一改善」を付加していって、どんどん時間を生み出してください。ちりも積もれば大きな山となります。

2 情報整理はその場でやる

情報整理は、その時、その場でやるのが鉄則です。

「よし、資料ができたぞ。ファイルの名前は後でつければいいか」

「さっそくプリントアウトだ。データはデスクトップに置いておいて、後とでまとめて整理しよう」

情報を入手したり資料を作成した時に、こうやってタイトルづけや整理整頓を後回しにしている人は多いのではないですか。でも私は、「後でやる」は「やらない」と同じ意味だと考えています。後でやる、後でやると言い続けているうちに、膨大な資料が散らかったままとなってしまい、

「ま、このままどこかのファイルに入れておけばいいか」

「タイトルをつけなくても、なんとか情報は探せるだろう。このままでいいか」

となってしまうのがオチです。

また、何かいい話を聞いて「後でメモしよう」と思っていても、後になったら「何

あります。

だったっけ？」と忘れてしまったり、いい話があったこと自体覚えていない可能性も

大丈夫、私は後で必ず情報整理をする自信があるからという人も、全然大丈夫ではありません。というのも、その時、その場で情報整理をするのと、後でまとめて情報整理をするのとでは、後者の方が圧倒的に時間を食うからです。

その情報について自分が深く関わっている時に整理をすると「どこに収納すればいい。どんなタイトルをつければいい」というのがすぐにわかります。しかし、たとえばパソコンのデスクトップ上に「新規作成文書」なるファイルが十個もあって、それを後日整理することになれば、一個ずつ中を開いて中身を確認して「これってどんな内容だったっけ」「タイトルをつけるなら何が良いかなあ」と悩むことになります。しないよりはマシですが、これでは情報整理による「時間の創出」効果は半減です。後回しは最大の時間のムダと心得て情報整理はその場でやるようにしましょう。

もしその情報の収納先やどんなインデックスをつければいいか迷ってしまった時は、紙媒体なら未決フォルダ（データならＴｏＤｏフォルダ）に入れるようにしましょう。

その時、その場で未決フォルダに整理する習慣をつけるのです。ここに置いておけばいずれ、然るべきインデックス、然るべき収納場所が思いつくはずです。

3 時には時間をお金で買う

いまどき北海道まで出張するのに、在来線を乗り継いで行くビジネスマンはいないでしょう。お金はかかるけれど飛行機でピュンと飛ぶのが普通です。これは「時間をお金で買っている」ことに他なりません。

また私たち現代人は、スピードを売りにしたさまざまなサービスを利用しています。家にいながらにして買い物ができるネットショッピングや通信販売、世界中の情報に瞬時にしてアクセスできるインターネット、迅速なコミュニケーションをとるための電話やメール……。そういうサービスにお金を払っています。これもある意味で、時間をお金で買っていることになります。

普段はあまり意識していないものですが、時間のムダを省く観点から自分の行動を見直すと、お金で解決できることが意外とあります。

たとえば、日用品の買い物はまとめ買いをした方が買い物に行く時間を数回分節約できます。飛行機や列車はアッパークラスのチケットを買えば、仕事に集中する環境と時間を手に入れることができます。高額だけれど上質なビジネスセミナーに参加すると、独学で勉強するよりも短時間でスキルを磨くことができます。年会費が高額でもある種のクレジットカードや会員制クラブに参加すると、利用価値の高いサービスを利用することができます。

また興味を掻き立てられた本をすべて買っておけば、必要な時にすぐに読むことができます。場合によっては自宅用と会社用など、同じ本を複数冊買います。

また私は日経全紙を含む十五の媒体を定期購読しているのですが、この先解約する予定はありません。ほとんど見ない媒体もあるのですが、面白い記事が一年に一つでもあるのなら、それでOKという考えです。その情報を見逃したり他から得る苦労を考えると、コストとして「割に合う」と考えているのです。

こんなふうに「時間を増やすためにお金を使う」工夫はいろいろあるはずです。経済力の許す範囲で検討してみてはいかがでしょう?

ただし、何でもかんでもお金を使えばいいというものではありません。投資に見合うだけのメリットがあるかどうかを考える必要があるでしょう。投資対効果が高いと判断できるものであれば、お金で買った時間がそれ以上のお金を生むことも少なくないのです。

4 鞄の中はいつでも戦闘態勢にしておく

会社に向かう時、出張に出かける時、あるいはゴルフに行く時、たいていの人は必要な物を詰めるという〝荷造りの時間〟を費やしていることと思います。

この作業はけっこう手間がかかります。何を持って行こうかと考え、必要な物を取り出してきて、うまい具合にパッキングする。

これら一連の作業がスムーズに運べばまだしも、必要な物を用意していなくて慌てたり、探し物に手間取ったり、忘れ物がないかをチェックしたり。モタモタしているとすぐに二十分や三十分、人によっては一時間もの時間が経過してしまいます。

こういうムダを省くために、私はそれぞれの鞄に必要な物を常にセットしておくようにしています。鞄の中に入っている物は、いわば基本的な「外出キット」です。

もちろん、目的によっては〝オプショングッズ〟を加えなければならないケースはありますが、たいていの場合、用向きに応じた鞄をひょいと持てばそのまま外出できる状態にしてあります。

また、鞄のどこに何を入れるかもきちんと決めてあります。通勤鞄のここには秘書さんから目を通すようにと渡された書類、ここには時間があったら読む本、ここには移動に必要なカード類が入ったポーチ、ここには鍵セット、ここには使用頻度の低いツール類、パスポートや空港で使用する会員カードは旅行鞄、といった具合です。

だから目をつぶっていても目的の物を取り出すことができます。「どこに入れたっけ？」と、鞄の中をゴソゴソと引っ掻き回す時間はゼロです。引っ掻き回せば「物探しの時間」＋「片付けの時間」がかかってしまい、とても損した気分になるのです。

通勤用の鞄は、書類の運搬がメインのものと、どこにいても仕事ができる環境を整備するのに必要な電子グッズ類が収納されたものの二種類があります。

ここにはバイブルサイズのパンパンに太った手帳やパソコン、三台の携帯を収納したポーチ、デジカメ、コード変換機、シェアボイス（P202）、充電器などが入っており、毎日、キャリーで持ち運びしています。

これほどの大荷物だと電車通勤には不向きですが、出張の時や車で移動する営業マンの方などには参考になると思います。

5 車をオフィスにして移動中の時間も有効活用

私は基本的に車で移動するのですが、この移動時間にも仕事をするのが習慣です。ボーッと車窓を眺めている、ということはありません。

車の中とはいえ、できることは意外にたくさんあります。携帯のＦＯＭＡを使って顔を見ながら幹部と電話会議をしたり、メールの処理をしたり、仕事に必要な書類や本を読んだり、インターネットで情報を収集したりなど、とても忙しく過ごしています。ただ移動するだけでは時間がもったいないので、移動空間を小さなオフィスにしておきたいのです。

たとえば、手帳を小脇にはさんで車に乗ると、まず手帳を開いて、やるべきことを確認します。携帯で連絡をとらなければいけない人がいれば、携帯を取り出して通話またはメールをします。またメールをチェックし、緊急を要する案件があれば、すぐに電話して指示をします。さらに必要に応じて、使わない携帯を充電します。

また外出先で使う書類も、移動中の車内で目を通します。パソコンに保存しているデータを参照したり、インターネットから情報を吸い上げたりする必要がある時には、パソコンを出して膝に置き作業をします。

またコーラスライン（Ｐ202）を使えば、移動中の車内からでも複数の人たちと電話会議をすることができます。たとえば本書の原稿を作成する時にも、私は車の中から、GMOインターネットのスタッフは社内から、編集者さんは出版社からといった具合に、所在はバラバラでも電話を通じて何度も打ち合わせをしました。

車の中では、私はいつもこんなふう。私の鞄には仕事に必要な物がすべて詰まっているので、自分の車はもちろん、タクシーや新幹線、飛行機の中でも、会社にいるのと同様の仕事ができるようにしています。これで、社外にいる時間を仕事もせずに過ごすムダが省けます。

6 脳のモードを集中力に活かす

脳というのはいったん一つのことに取り組むモードに入ると、驚くほどの集中力を発揮し、作業のスピードをぐいぐいと高めてくれます。「本を読み込むうちにのめり込み、気がついたら二時間で一冊を読破してしまった」「文章を書いていたら知らぬ間にどんどん書くスピードが加速した」といった経験は誰しもお持ちでしょう。

しかし一方で、仕事でも日常の雑用でも、実際にそれにとりかかるまでには意外に時間がかかるものです。「さぁ仕事をしよう」と思っても「その前にちょっと机の上を片付けよう」「コーヒーを一杯飲んでからにしよう」「そうだ、先に電話をしておこう」などと、なぜか別のことをやりたくなったり、始めてもなかなかエンジンがかからなかったりします。

このように脳は、モードを切り替えた直後の回転は遅いけれど、ひとたびそのモードに集中すると加速度的に処理能力を高めるという特徴があります。脳が持つこの特徴を利用しない手はありません。

どうするかというと、同じ脳のモードでできる仕事をまとめて処理するのです。そうすれば、脳のモードを切り替えることでモタモタする時間を効率化できます

そのために私は、脳のモードを考慮してスケジュールを作成しています。たとえば、社内ミーティングをする日は朝から晩まで、いくつもの会議をこなします。このほか、先方に出向いて商談をする時間、外部からの訪問客を受ける時間、一人で集中して思考する時間など、同じカテゴリーの仕事をできるだけまとめてスケジューリングするようにしています。つまり、おおよそ「第何週の何曜日は××をする日」と決め、これを定例スケジュールとしているわけです。

こうしておくと、ミーティングや商談をまとめる日は、脳が「人の話を咀嚼《そしゃく》し、考えをまとめてしゃべる」モードになるので、終日冴えた意見がポンポンと出てきます。思考に集中する日は、脳が「貴重にして有用な情報を読み取って、新しいことを発想する」モードに入り、自ずと分析力、判断力が高まってきます。非常にオトクな脳の使い方と言えるでしょう。

もっとも、あまりガチガチのスケジュールを組んでいると気持ちに余裕がなくなりますし、当意即妙な行動がとれないから、月に二週は〝空き〟時間を比較的たっぷりととり、日々生じる案件に対応できる柔軟性を持たせるのが熊谷流です。

また電話をしたり、書類をチェックしたりする作業も一度に数件分まとめて処理します。一本の電話をかけて脳が電話モードに入ると、二件目、三件目と進むうちに、言いたいことを端的に話せるようになるし、舌も滑らかになり話すテンポが上がってきます。書類のチェックも枚数が増えるごとに、見逃してはいけないキーワードが勝手に目に飛び込んでくるようになります。

このように脳のモードを利用して仕事をスケジューリングすれば、格段に能率が上がります。「脳のモードがやっと集中モードに入ったところで、別のモードを使う仕事をしなければならない」なんてことが防げます。

ただし、スケジューリングするだけでは不十分です。脳のモードは〝雑音〟に弱いので、とくに思考モードに入る時には、できるだけ邪魔が入らないような環境を確保する必要があります。でないと思考が寸断されて、脳のモードを定めることができなくなります。

会社にいると、部内の誰かが相談事を持ちかけてきたり得意先から電話が入ったり、仕事を中断させられることは多いものです。すべてをシャットアウトするのは不可能だと思いますが「今から二時間は電話を受けない」などと周囲に宣言するなり資料室に逃げ込むなり、何とか工夫のしようはあるでしょう。

もっとも、集中している人には周囲も自然と気を使ってくれるものです。おそらく、〝邪魔しないでオーラ〟のようなものが出ているのでしょう。私のオフィスもパーティション等で仕切っていないオープンな空間ですが、よほどの急用を除いて、私が集中している間に別の案件を持ちかけられることはあまりありません。

時間を増やすポイントは、一つひとつの仕事に最大限の集中力をきかせて取り組むことにもあるのです。

少し余談になりますが、組織においても、同じ脳のモードを使う人を同じ場所に集めて、同じタイミングで仕事をさせると、効率がぐんとアップすると言われています。

たとえばコールセンターがいい例です。電話で仕事をする人ばかりがデスクを並べているので、他のモードで仕事をする人に遠慮することもないし、逆に自分が誰かの邪魔になることもありません。全員が「電話でしゃべる」モードで仕事をしているので互いに刺激し合う部分もあり、脳のモードがますます活性化されるようです。

GMOインターネットもまだ会社が小さかった頃は、管理職や総務部門等の人がコールセンターに〝同居〟していました。当時は意識していなかったものの、オペレーターは遠慮しながら小さめの声で電話をし、管理職の人は思考が散漫になっていたかもしれません。実際、別の部屋にしてから、互いの仕事効率が格段に上がったのです。

7 会議や商談には十分な準備をして臨む

会議というのは、あらかじめ何について話し合うかテーマが決まっていて、参加者各自が解決策を持って臨むものです。当然、案件に関わるデータや資料は事前に全員が目を通しておく必要があります。

しかし現実的には、会議の席で資料を配り、その場で目を通して意見を出し合うといったケースが多いようです。そのため、時間は食うわ思いつきのような意見しか出ないわで、結局「各自よく考えて後日もう一度会議をしよう」なんてことにもなりかねないのです。これでは大いなる時間のムダ遣いです。

そんな事態を防ぐために、私は会議を行う時は常に、遅くとも前日午後五時までにアジェンダを準備し、決算データをはじめとする必要な資料を添付して参加者全員にメールを送ることを義務づけています。

そうすれば、足りない資料がある時は事前に指示できるので準備不足による会議の遅滞を招くことはありませんし、数字の報告をする時間も省けます。会議開始と同時に、各自が考える今後の施策や意見をぶつけ合うことができるのです。

必要に応じて、事前に会議の案件に関する意見を文書にして提出させることもあります。多人数の意見をまとめる場合、一人ずつ意見を聞いていたら日が暮れてしまうと思うからです。同じような意見をまとめておけば、誰かに代表して言ってもらうことで時間を節約できます。

会議と同様、私は顧客からアポイントの要請がある時も必ず内容を聞いてから受けるようにしています。

当たり前のことではありますが、ビジネスシーンにおいては「ちょっとお時間をちょうだいしたいんですが」とか「相談したいことがあるので、ご挨拶方々伺いたいんですが」といった、内容が曖昧《あいまい》な要請が意外と多いものです。

相手が懇意にしている方で、電話では話せないような込み入った案件は別にして、私は訪問の目的を具体的にメールで送信してもらってから、お会いするかどうかを決めるようにしています。というのも「わざわざ時間を割いて会うほどのことはない」案件がとても多いからです。

もちろん用件を聞き出すには、相手に不快感を与えないよう失礼のない言い方を工夫しなければなりません。「事前に資料を揃えておきたい」「案件に詳しい担当者を同席させたい」「お力になれるかどうか検討したい」など、「誠実に対応したい」からだということを強調して丁重にお願いするといいでしょう。

こんなことを言うと「会う相手を選別するなんて不遜だ」とのお怒りを買いそうですが、相手の期待にお応えできるかどうかわからないのに「会うだけは会いましょう」と応じる方が失礼だと思うのです。

内容がわかれば、会ってお話しして何らかの成果が得られる案件かどうか、おおよその検討はつきます。メリットがないようなら自分にとっても相手にとっても時間のムダ遣いにしかなりません。お断りする方がお互いのためなのです。

ビジネスの大半の時間を占めるのが会議と商談。ここを効率化すると、大きな時間が得られます。

8 電話の使い方ひとつでも時間の節約は可能

私の机の上には電話がありますが、その位置は左側と決めてあります。というのも、左手で電話を取れば同時に右手でメモを書けるからです。こんな小さな工夫でも、積み重ねれば大きな時間の節約になります。

また私が会社に電話をすると、社員は受話器を取り即座に「はい代表（私のことです）」と応えます。これは最近決めたルールです。

それまでウチの礼儀正しい社員は、発信番号を見て電話が私からだとわかっていても「はいGMOインターネット○○部××です」と丁寧に対応していました。礼儀には礼儀をもって報いなければなりません。私も自然な流れで「熊谷ですが」と名乗り、その後に互いに「お疲れ様です」なんていう挨拶を交わしたりもしていました。

そんなやりとりを当然のように思っていたのですが、ある時ふと気づいたのです。「電話を取る者は、発信番号を見れば私だとわかる。私も会社にかけているのだから、名乗られなくてもそこが自分の会社だとわかる。それなのになぜ電話をかけるたびに、社員は長々と社名を言い、私はイライラしながらも根気強く聞いているのだろう？ 社外の人にはマナーを守らなければいけないが、社内の人間同士なのだから簡略化してもいいのではないか」と。

私は一日に何度も会社に電話しますから、同じ挨拶を何度も繰り返していることになります。これはムダ以外のなにものでもないと思いました。そうして決めたのが、「挨拶抜きの社内電話応対ルール」です。

もともと私は「話は本題から入る」ことをモットーとしており、社内に限っては「拝啓と前略を省略する」コミュニケーションスタイルをとっています。社員と廊下ですれ違っても、お辞儀もそこそこに「今日いくらだ？」と尋ねるほどです。「最近、体の具合はどうだい？」とか「ゴルフやってるかい？」「今日はいい天気で気持ちいいね」なんて挨拶は皆無です。

それなのになぜ電話だけは〝マトモな挨拶〟をしていたのか、自分でも不思議なほど。一回の電話につき節約できる時間はほんの二十秒ほどですが、一日に十回かけたとして三分、一カ月だと一時間もの時間になります。大きな節約をした、と思っています。これは、みなさんの会社でも応用できるノウハウではないでしょうか。

9 頭と体の元気を保つ

ある金融機関のストラテジストの方が、「成功する秘訣は？」と問われて、「絶対に風邪をひかないことだ」とおっしゃったそうです。知人から聞いた話ですが、私もまったく同感です。

風邪をひくと、鼻がぐしゅぐしゅしたり絶え間なく咳が出たり、熱で頭がボーッとしたりして、どうしても集中力が鈍ります。当然、仕事の効率は下がります。元気がない分、仕事に向かう気力も減退します。風邪の時は誰しも「どんなに時間をかけてもいい仕事ができない」状態に陥るものです。

このことを逆さにとらえると、常に体調を良好に維持しておけば、仕事への集中度が高まり、短い時間で多くの優れた成果を生み出すことができるということです。

つまり、夢を実現するための時間をたくさん作るためには、頭と体の元気を保つことも重要なポイントになるのです。

私自身、「八十八歳まで精一杯仕事をする」という夢を描いています。そして、それを実現するための健康へのこだわりは強い方です。「六時間の睡眠を確保する」「適度な運動に励む」「体調を崩したら無理をせずにすぐに病院へ行く」などを常に心がけています。

また私は、かなり昔から積極的にサプリメントも摂取しています。たとえばビタミン剤なども、眠る前に飲むと眠っている間にその日の疲れをすっかり取って体の元気を復活させてくれるので、毎日飲んでいます。おかげで毎朝、元気いっぱいで飛び起きることができます。

また、ブドウ糖にもお世話になっております。ブドウ糖は、実は脳の唯一のエネルギー源なのです。

人によって効果の感じ方は違うでしょうが、「ちょっと集中力が落ちてきたな」とか「疲れて思考力が鈍っているな」と感じた時にポンと一粒口に放り込むと、五〜十分もするとたちまち頭がスッキリして集中力が回復しますし、疲れも取れます。これも常に携帯し、講演会の前や会議の最中によく食べています。

脳は一時間に五グラム、一日に百二十グラムのブドウ糖を消費するそうです。私が食しているブドウ糖は一粒三グラムで、一・二キロカロリー。さほど太ることを気にせずに、手軽にブドウ糖を摂取できるので重宝しています。

もちろんサプリメントの補給だけではなく、休日やちょっとした空き時間を見つけて運動をするようにもしています。「健康維持」は生涯変わらぬ目標。すでに、「いつでも手軽に運動できるよう、自宅にジムの用具を揃える」という夢を実現し、「週に三回トレーニングをしよう」「週に一度、ゴルフの練習をしよう」といった行動をスケジュールに落とし込み、継続して実践する努力をしています。

どんなに時間のやりくりが上手でも、体調を崩して効率が落ちれば、せっかく手に入れた時間をムダに消費することになります。「時間」を作るためにも「健康」は重要な要素なので、みなさまもどうかお体をご自愛ください。

第6章

ITを使った情報収集&時間創造プラスα

ちょっとマニアックな私のIT活用術

1 ブラウザのホームはブランクにしておく

貪欲なまでに「時間」を求める私は、高速処理を得意とするパソコンに対しても、よりスピーディな操作性を求めています。その一例をご紹介しましょう。

まずブラウザについてですが、立ち上がるまでの時間をより短縮化するために、ホームをブランクにしています。

ブラウザはたいてい、ホームにパソコンメーカーのホームページがあらかじめ設定されています。あるいは検索サイトを、ブラウザの立ち上げページに設定している人もいるでしょう。でもそれだと、画面が重くて立ち上がりに時間がかかります。

しかも先にお話ししたように、メディアには「人の興味を惹きつける仕掛け」が施されています。ブラウザを立ち上げて目的のフォルダを探そうとしたら、スポーツニュースが目に飛び込んできて思わず熟読してしまった……ということになったら、いくら情報整理を頑張っても時間はロスする一方です。

ですからやっぱりブラウザのホームはブランクにしておくのがベストでしょう。

ブラウザのホームをブランクにする方法

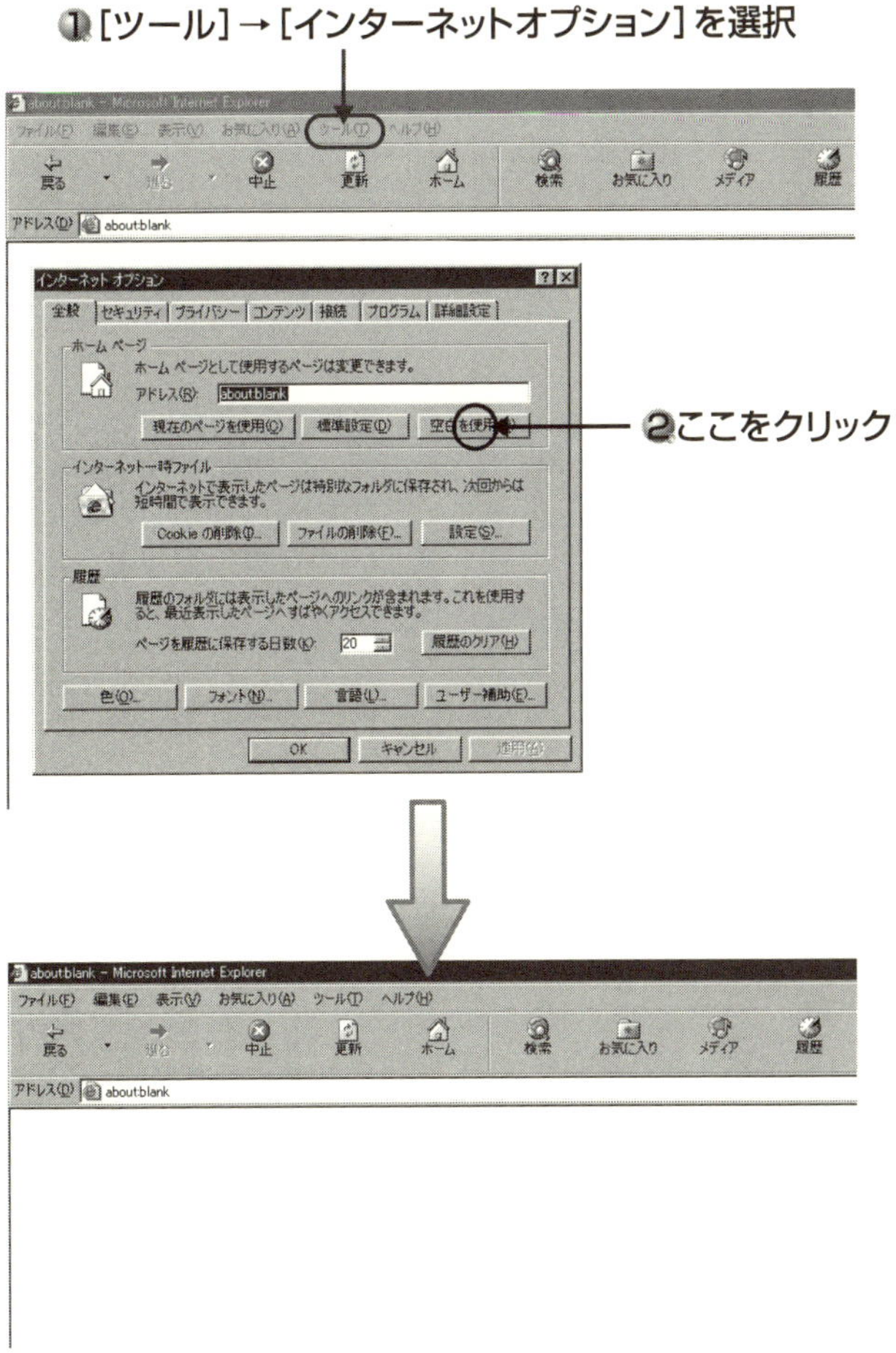

2 ショートカット&単語登録でキー操作の速度を上げる

私は、パソコンのキーボードの操作&入力スピードを上げるために、ショートカットキーや「単語／用例登録」機能を多用しています。一般的なマウス操作や文字変換作用では、まどろっこしいからです。

よく使うショートカットキーには、左の図のようなものがあります。キーを覚えるまでは多少モタモタすると思いますが、慣れるほどに「体が覚えて」くれます。

また「単語／用例登録」については、よく使う文章をすべて登録しています。たとえば「お」と入力すると、「おはようございます」「お疲れ様です」「お世話になっています」等の文章が変換候補に含まれています。

自分の名前や住所、電話番号、メールアドレス、銀行の口座番号等、しょっちゅう入力が求められるものについても同じで、一文字で変換できるよう登録しています。

やり方はみなさんもご存じのとおり。登録したい文章を選択して「単語／用例登録」を起動させ、「読み」欄に一文字を入力するだけです。

私がよく使うショートカットキー

●[Ctrl]＋[X]&[Ctrl]＋[V]

カット&ペースト。[Ctrl]＋[X]キーで切り取り、[Ctrl]＋[V]キーで貼り付ける。文字列を選択するときは、[Shift]キーを押しながら矢印キーを使う。

●[Ctrl]＋[C]

コピー。コピー先に貼り付けるときはペースト[Ctrl]＋[V]を使う。

●[Ctrl]＋[Z]

前の操作を取り消す。「取り消しの取り消し」をする場合は、[Ctrl]＋[Y]キー。

●[Ctrl]＋[S]

上書き保存。せっかく作成したデジタルデータも、些細なアクシデントで消し飛んでしまう恐れがあります。私はパソコンで書類やデータを作成するときは、頻繁に[Ctrl]＋[S]を叩いています。

●[Ctrl]＋[N]

新規にファイルを作成します。あるいは、現在開いているウィンドウをもう一枚開きます。

●[Ctrl]＋[End]or[Home]

ワードで、文章の文末や文頭に移動するときに使用。[Ctrl]＋[End]で文頭に、[Ctrl]＋[end]で文末に移動。単独で押すと行頭、行末に移動する。

●[Alt]＋[半角/全角]

日本語入力と英字入力を切り替えます。

●[Alt]＋[F4]

使用中のアプリケーションを終了させせます。アプリケーションがない場合はWindowsを終了させせます。

●[Alt]＋[Tab]

使用中のアプリケーションを切り替えます。

これらはほんの一例。まだまだいろんなショートカットキーがあります。

この「単語／用例登録」は、チャットをする人にはお馴染《なじ》みのワザだと思いますが、ビジネスにも応用すると入力スピードがぐんとアップします。

このように、パソコンの操作や入力スピードを高めるためには、ブラインドタッチで入力できるだけでは不十分なのです。ショートカットキーと「単語／用例登録」機能を使うことをお勧めします。

一つひとつの操作や入力で短縮化できる時間はほんの数秒ですが、これもまた「塵《ちり》も積もれば山」なのです。私は日に何十通ものメールを打つのですが、社内では誰よりも早くメールを書いて送信する自信があります。

3 メール処理速度を上げる小ワザ

メール処理をスピードアップするワザはまだあります。たとえば、メールを開封したらもう表示させないようにすることです。開封したのにいつまでも表示されていると、未開封メールを探すのが面倒になるからです。

実際、ビジネスマンの中には開封したメールと未読メールがぐちゃぐちゃに並んで、長い長い列を成すリストを表示させている人が少なくない様子です。「これは開けようかな。これは後で読もう。これは永遠に読まなくてもよさそうだ」などと、タイトルや受信者から気ままに判断して開封するものだからそうなるのでしょう。

確かに読まなくてもいいメールはあるでしょうが、一応はすべてを開封してチェックしておきたいもの。「まだ読んでないのはどのメールかな」と画面をスクロールしながら見つけるよりは、未読メールだけを表示させておく方が便利です。

これは、「表示」→「現在のビュー」→「開封済みメッセージを表示しない」に設定するだけでOK。ビューに並ぶメッセージの数が格段に減るので、メールウィンドウを開いた時のウンザリ感が多少は軽減されるでしょう。

ただ、これだけの工夫をしていてもメール処理はかなり時間を食うもの。以前計算してみたところ、私が一時間に読めるメールはただ読むだけなら七十通、イエスかノーかの意思決定を求められる時は二十通、考えて返信する必要があるものだと七〜八通という結果でした。いちいち読んで返事を書いていると、メール処理だけでなんと六〜七時間もとられることが判明したのです。

以来、私は基本的には自分で処理しますが、できない時はパソコンで読まずにプリントアウトしてもらい、それを見ながらボイスバーに返信文を録音し、秘書さんに返信メールの代行をお願いするようにしています。みなさんも、メール処理を代行してくれる人を探すのはムリとしても、何か自分なりの工夫を考えてみましょう。

たとえば、電話ですむ返事は基本的に電話ですませることも大事です。メールだと、相手の返事を待って返信して、また受信を待つといったことを繰り返すこともあります。そんな時は電話で会話した方がずっと合理的な場合もあるのです。

くれぐれもメールを打つだけで仕事をした気分になったり、メールを送信した時点で仕事を終えたと錯覚したりしないようにしましょう。メールは効率的に仕事を進めるために利用するものです。有効に使って時間の効率化に役立てましょう。

4　インターネットの新しい情報源「ブログ」

ウィンドウズ95の発売をひとつの契機として考えると、インターネットが普及してから十年が経過しました。そしてこれまで、情報源としてのインターネットの活用といえば、ホームページを閲覧するか、メルマガによる情報収集が主流でした。

しかしこれからは、「ブログ」がこれらに取って代わってインターネットにおける情報源の主役となるでしょう。

ブログは業界ではCMS（コンテンツ・マネジメント・システム）の一種と呼ばれており、従来のホームページと比較すると、格段に容易に更新が可能です。GMOインターネットグループでも「JUGEM」「ヤプログ」「オートページ」「ロリポブログ」という四種類のブログをご用意しておりますので、ぜひお試しいただければと思います。

すでに米国でのブログの普及率は一億二千万人（成人インターネットユーザーの七％）とも言われており、今後急拡大局面を迎えるでしょう。日本でも昨年末から今年にかけて大流行しています。みなさんのまわりにも、ブログを使って日記などをインターネット上で公開している人がいるのではないでしょうか。

インターネットユーザーがインターネットを「情報を収集するツール」としてだけでなく「情報を発信するツール」としてとらえ始めていることも、ブログ普及の大きな要因となっているようです。

また企業のホームページのブログ化も続々と進んでいます。企業、あるいは経営者のブログは、株主様、お客様、スタッフ、ステークホルダーとの最高のコミュニケーションになり得るのです。私自身も、「クマガイコム」というブログを昨年からスタートさせています。ぜひ一度、ご覧いただければと思います。

さて、情報収集という観点からブログについて述べさせていただくと、私はとくに、弁護士や会計士などの専門家、あるいは経営者のブログを定期的に巡回しています。

何かの事件や事象が発生した時、専門家の方が書くブログを読むと大変勉強になります。また経営者のブログは、同じ立場の者としていろんな意味で情報収集の役に立ちます。

タレントさんの日記ブログを読むのも楽しいのですが、みなさんも情報源としてのお気に入りブログを見つけてみてはいかがでしょうか。

クマガイコム

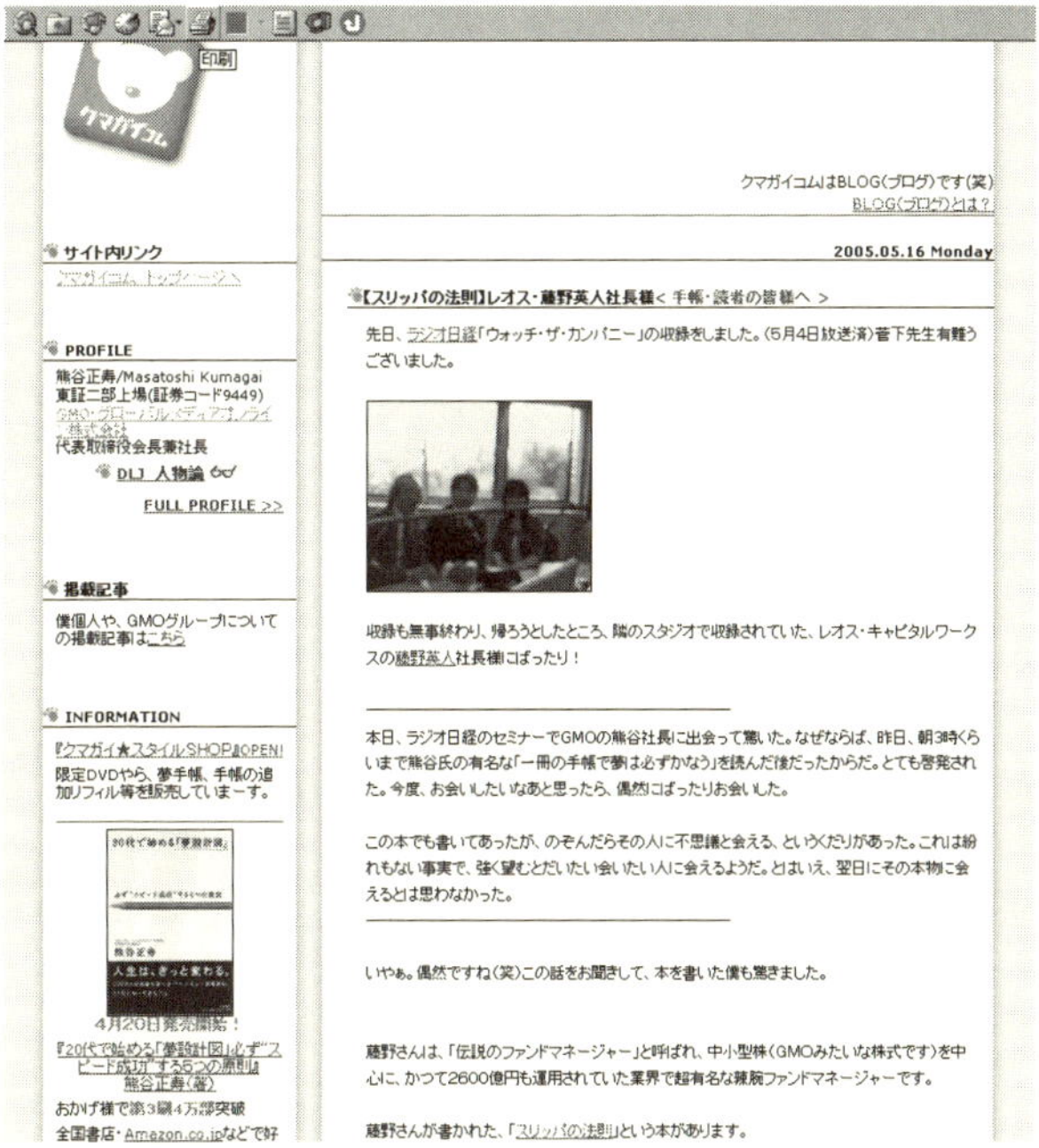

http://www.kumagai.com/

5 RSSは自分だけのプライベートマガジンを可能にする

ブログは、XMLという技術を使用しています。これまで過去十年のホームページには、HTMLという技術が使用されていました。今後、個人や企業が従来運営していたHTMLによる全ウェブサイトのXML化（ブログ化）が進むと思われます。

そしてこのブログ時代に威力を発揮する技術があります。それがRSS（Rich Site Summary＝アールエスエス）です。これはXMLの技術を使って、あらゆるブログやサイトから、自分の読みたい記事だけをタイムリーに読むことができる技術です。

RSSリーダーに、自分のお気に入りのブログやニュースサイト、キーワードを登録しておくと、自動的にそのサイトの更新情報を取ってきてくれるのです。これを使えば、タイムリーな情報収集と時間の効率化が一度に実現できます。

従来なら、自分のお気に入りのホームページやブログの情報を集めるためには、自分からそのサイトにアクセスする必要がありました。しかも、わざわざアクセスしたのに、更新情報が何もなくて手間と時間のムダだったということもありました。

ネット上の情報収集のあり方を変えるRSS

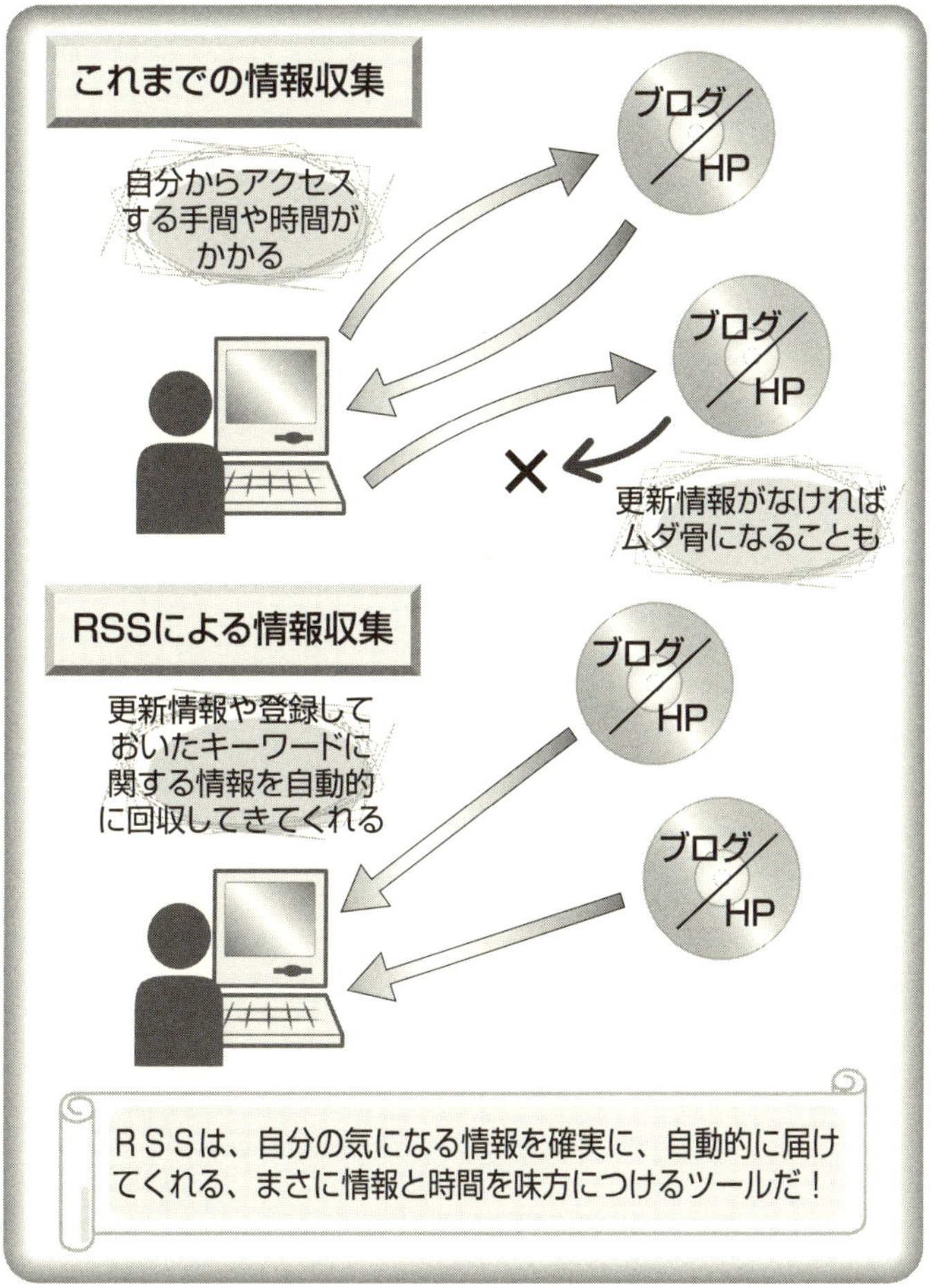
これまでの情報収集
自分からアクセスする手間や時間がかかる
ブログ/HP
ブログ/HP
更新情報がなければムダ骨になることも
RSSによる情報収集
更新情報や登録しておいたキーワードに関する情報を自動的に回収してきてくれる
ブログ/HP
ブログ/HP
ＲＳＳは、自分の気になる情報を確実に、自動的に届けてくれる、まさに情報と時間を味方につけるツールだ！

しかしＲＳＳリーダーを使えば、お気に入りのサイトの更新情報を自動的に集めてきてくれるので、アクセスする手間も要らなければ、ムダ骨を折る心配もありません。

また、自動的に情報が送られてくる「プッシュ型」の情報源としてはこれまではメールマガジンが主流でしたが、これからはブログ＋ＲＳＳに主役の座を取って代わられることになるでしょう。というのもメールマガジンを定期購読するためには、自分のメールアドレスなどを登録する必要があるからです。スパムメール問題、個人情報保護法との関係からも、ＲＳＳの方に軍配が上がります。

ＲＳＳリーダーを使えば、こちらのメールアドレスや個人情報を明かすことなく、好きなサイトの情報をタイムリーに読むことができる「自分だけのオリジナル、プライベートマガジン」が可能です。ＲＳＳ、ＸＭＬ、ブログによって、インターネット情報のプライベート化がますます進むことでしょう。

私も現在、フリーソフトのヘッドラインリーダーというＲＳＳリーダーを利用しています。近い将来、ＲＳＳリーダーは全ブラウザに搭載されて、インターネットユーザー全員に不可欠なソフトとなるでしょう。

ＧＭＯインターネットグループでも「mypop」という無料のＲＳＳリーダーのサービスを提供しており、すでに五十万人近くのユーザーにご利用いただいています。

RSSリーダーソフト

ヘッドラインニュース

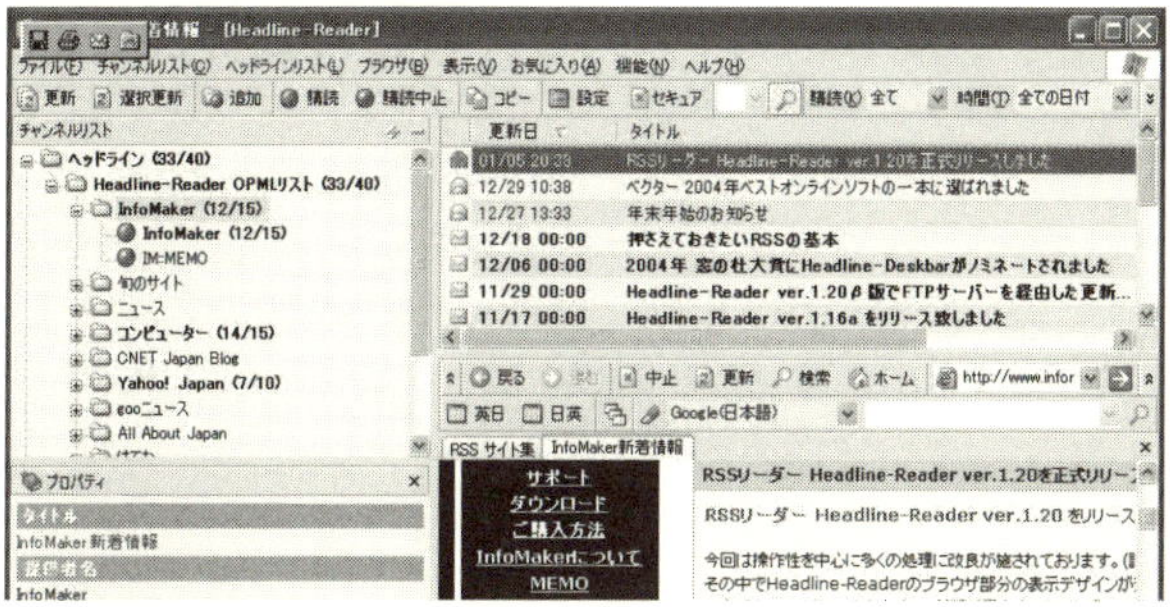

mypop

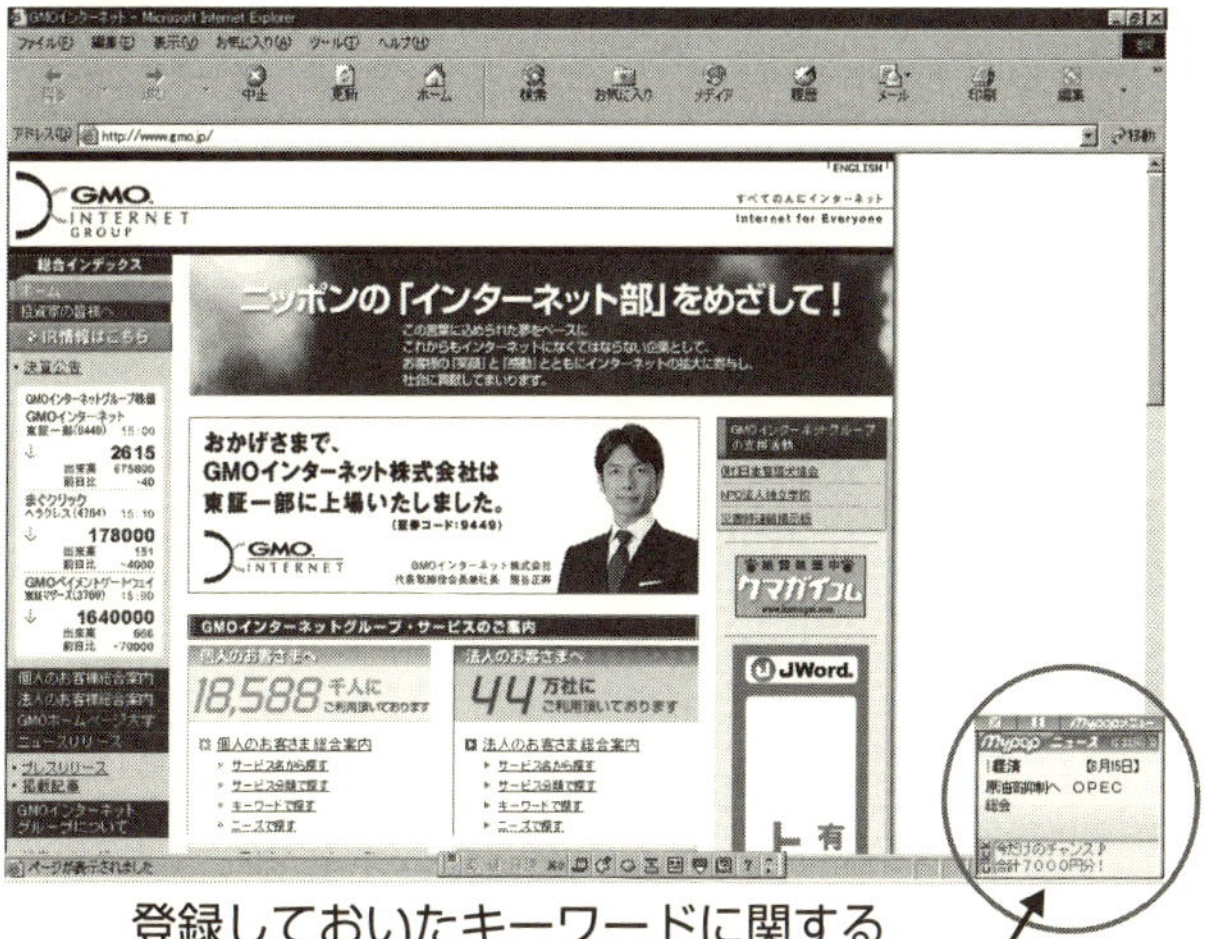

登録しておいたキーワードに関する
情報がリアルタイムに表示される。

6 便利なフリーソフトをどんどん使う

少々マニアックな話になりますが、私は「パソコンの操作性と仕事効率を高めるのに役立つな。便利だな」と思ったソフトはどんどん、ダウンロードして利用するようにしています。

中でも重宝しているソフトは「チューチューマウス」と「タブブラウザ」です。「チューチューマウス」は、マウスカーソルをかわいいハムスターに変身させて、自動的に走り回るものです。たとえば、［はい］［いいえ］を聞いてくるウィンドウのボタンなどに素早く走り、作業が終わると元の場所に帰って来るなど、気のきいたカーソル移動をします。

マウスを動かさずとも［Shift + Alt］キーで移動させることができる点も便利です。しかもＡＩ機能搭載で学習能力もあるので、使えば使うほどこちらの意に沿う動きを身につけます。

ウィンドウズの操作を楽にしてくれる上に、かわいらしく、すばしっこい動作で楽

便利ソフトのダウンロードサイト

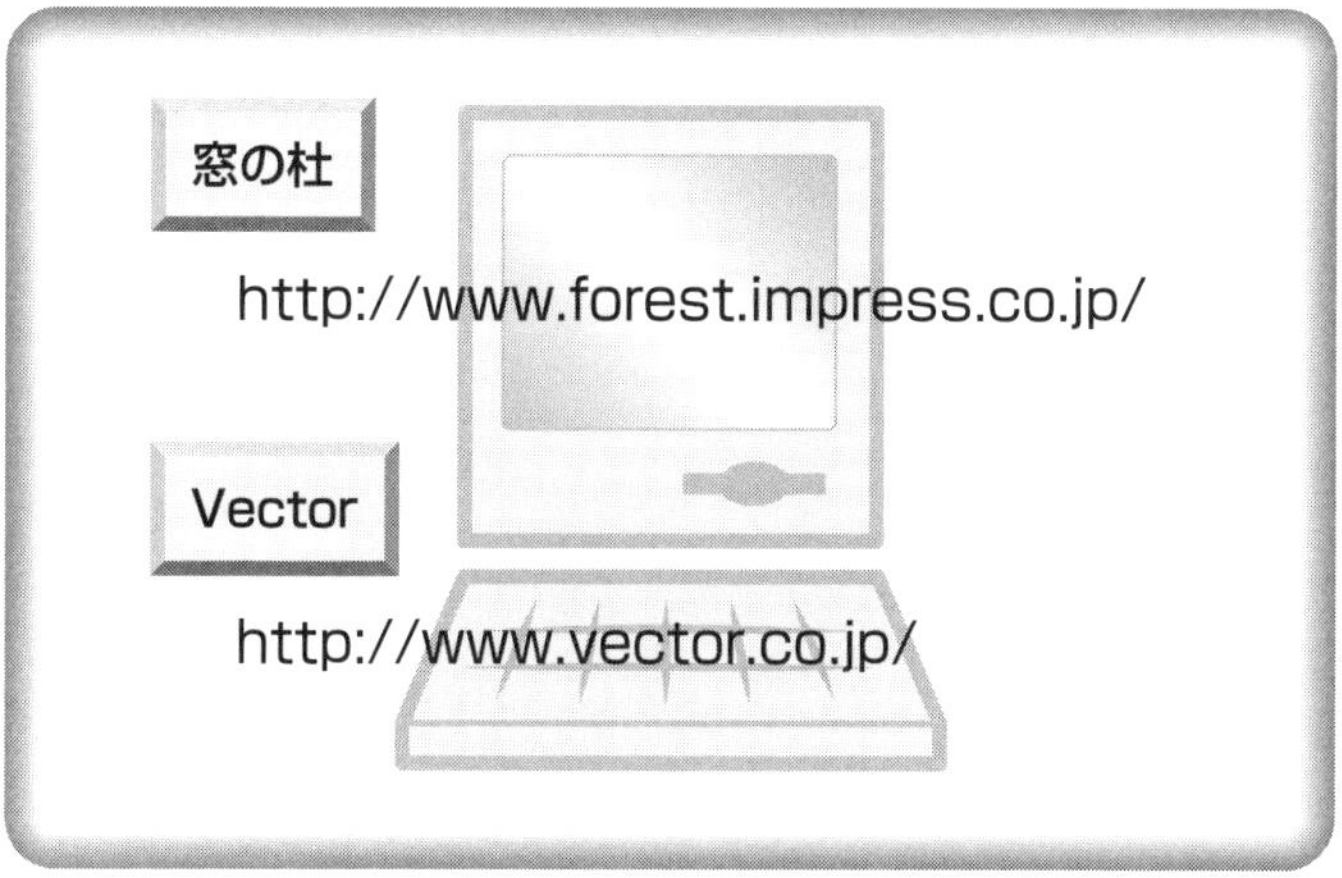

しい気分にさせてくれる優れソフトです。「タブブラウザ」は、一度に数枚のブラウザを立ち上げても、一枚のブラウザのように使えるソフトです。使ってみるとわかるのですがこれが大変便利なソフトで、ブラウザの切り替えが速いところが気に入っています。

このほか、パソコンのメモリ容量が大きくなると速度が遅くなるので、それをチェックするソフトや、カレンダーなどもデスクトップに置いて重宝しています。

ほとんどのソフトは無料でダウンロードできるので、みなさんも利用してみてはいかがでしょうか。

7 複数の携帯電話を使い分けてフル活用する

私は現在、三台の携帯電話を持ち歩いています。なぜ三台なのか。それは一台しかないと、通話とメールの受信が同時にできないからです。また移動中に幹部とフェイス・トゥ・フェイスでミーティングや連絡を行えるよう、その専用電話としてＦＯＭＡが必要だからです。

おもに緊急を要する案件について、私は携帯のメールで受信します。緊急である以上、返信文を入力して返信を待つより、電話で連絡をとった方が仕事はスピーディに進みます。

そこで受信専用の携帯でメールを読みながら、もう一台の携帯で相手に電話をします。こうすれば、メールに書かれている内容を手元で確認できるので、用件を確実に把握した上で効率的な会話ができます。

またＦＯＭＡは、「現場の売り上げは、デジタルで流れてくるパラメーターをチェックするだけでは不十分。担当者と顔を突き合わせて確認し、必要に応じて指示を出す」

のが私のモットーであることから利用しています。

以前は、私か幹部かのどちらかがミーティングの場に移動するというムダがありましたが、「顔が見える」FOMAの登場によって、ずいぶん時間の節約になりました。しかもFOMAはミーティングだけではなく、自分の目で確認して意思決定をしたいような時にも便利です。現場にいる人に映像を映し出してもらえば、私がわざわざ出かけて行かなくても、あるいはその人が撮影した写真を持ち帰るまで待たなくとも、その場で決済が可能になります。

これら三台の携帯の他に、実は車に搭載している二台のパソコンに接続するPHSも持っています。パソコンは絶えずインターネットにつながっているので、移動の車内でメールや株の取引などを行えます。

私にとって携帯電話は、時間を増やすことはもちろん、仕事の生産性を向上させる武器でもあるのです。携帯電話はとてつもなく優れたマシンなので、連絡用に使うだけではなく、「時間を増やす」という観点からも利用法を工夫してみることをお勧めします。

8 携帯メールにも複数の受信箱を作る

いつでもどこでも、見たい情報が見られる——これが携帯メールの大きなメリットです。

私はさまざまな連絡メールに加えて、IR情報や株価情報、業績データ、トラブル情報等を、パソコンと携帯へ同時配信してもらうようにしています。いつどこにいても情報収集をしたり、意思決定の元になるデータをチェックできる態勢を整えておきたいからです。

ただ、受信メールの受け皿が一つでは「いま見たい」情報がどこにあるのかを探すのが大変です。パソコンメールと同様、「秘書さんからのメールはここ、家族はここ、株価情報はここ、経営関連の情報はここ」というふうにメールアドレスで七つのフォルダに振り分けています。

フォルダの作り方は携帯電話のメーカーによって異なると思いますのでここでは触れませんが、恐らくどこの携帯でも簡単にできるはずです。マニュアルを確認して、使い勝手に応じた複数の受信箱を作ることをお勧めします。少なくとも、仕事関連のメールとプライベートなメールをいっしょくたに受信することは避けた方が無難です。最低二つの受信フォルダは必要でしょう。

余談ですが私は、携帯電話は活用しているのですがＰＤＡ（携帯情報端末）は使いません。有用性はあると思うのですが、入手した情報をパソコンに整理するのか、ＰＤＡに整理するのか、あるいは携帯電話に整理するのか迷うと思うからです。

パソコンと携帯電話だけだと、それぞれにどんな情報を整理するのかを迷うことはないのですが、双方の長所・短所を持つだけに、ＰＤＡを持つとこういった迷いも出てくると思うのです。「一箇所の原則」でもお話ししたように、情報はできるだけ分散させずに収納した方が良いのです。今のご時世、パソコンや携帯電話を手放すわけにはいかないので、そうすると自然にＰＤＡは使わないということになりました。

米国で大流行しているので持っている方も多いと思うのですが、それは米国の携帯電話が日本より劣っているだけの話です。住所検索などが日常的に必要な営業マンにとってはＰＤＡは便利なツールだと思うのですが、そういった使い方をしないなら携帯電話で十分間に合うと思います。

9 ＩＴを使って会議を効率化する

会議は、大勢の参加者が一箇所に集まって行うもの。こんな常識が、ＩＴの技術革新によって打ち破られつつあります。

シェアボイスというデジタル機器があります。これは、携帯電話につなぐことで外から電話をしてきた人と、社内にいる複数の人とで電話会議ができる携帯型の装置です。またコーラスラインというサービスは、所在がバラバラの複数名が、電話回線を使って会議ができるサービスです。いずれも大変重宝しています。

こういったツールやサービスがあれば、たとえ新幹線の中からでも会社の会議に参加できるのです。また、車で移動中の細切れ時間に人と打ち合わせをすることも可能になりますので、うまく使えばお互いに、時間を有効に使うことができます。

「会議の基本はフェイスツーフェイスだ」という人もご安心ください。携帯電話のＦＯＭＡをはじめ、テレビ電話の技術も格段に進歩しています。

海外ではすでにサイトスピードという高画質・高音質を誇るテレビ電話ソフトが普

電話会議の本命、サイトスピード

サイトスピードの日本語版普及に関しては、GMOインターネットグループが全面的にバックアップしています。サービスの開始は2005年6月中の予定です。詳しい情報は、下記のサイトで順次公開中です。

http://www.sightspeed.jp/

及しています。これはパソコンを使ったテレビ電話なのですが、通常の一対一の通話から、四人までの同時通話で顔を見ながら話すことができます。

そして一番の魅力は、インターネットに常時接続でつながっているのなら、通話料はそれ以上かからない、つまり無料だということです。

遠隔会議やテレビ電話のシステムは昔からあったのですが、これまでは非常に高価で誰でも手軽に使えるものではありませんでした。しかし価格が低くなって普及が進むと、これまでの会議の常識は一変し、時間や場所の考え方、人と人とのコミュニケーションの考え方も一変するかもしれません。

あとがきにかえて

二〇〇五年六月一日、私が抱いていた大きな夢の一つが実現しました。GMOインターネット株式会社の東証一部上場です。

この夢の実現は、GMOインターネットグループのサービスをご利用いただいているお客様、株主の皆様、社員やスタッフおよびそのご家族の皆様、そのほか直接的あるいは間接的にご支持をいただいている皆様のおかげに他なりません。紙面上ではありますが、ここに厚くお礼を申し上げます。

また、私がこの夢を実現できた一つの大きな要因として、私に情報整理の大切さと基本的な考え方、ノウハウを教えてくれた先人たちの存在も無視することはできません。彼らから得た気づきとヒントが、結果的に私に「質の高い情報」や「時間」をもたらし、それらを元に私は夢をかなえることができたのですから。

私が手に取った情報整理に関する書籍は数知れません。中でも梅棹忠夫先生の『知的生産の技術』には、大変影響を受けました。『「超」整理手帳』でおなじみの野口悠紀雄先生の著作も、大いに参考にさせていただきました。

また書籍から知識を得ただけでなく、人生の諸先輩の方々から直接「情報の大切さや選別方法」「時間の創出方法」を学ぶ機会を得られたことも、私にとって本当に幸せなことでした。

とくに弁護士の高井伸夫先生からは、私がまだビジネスマンとして駆け出しの頃から、さまざまな仕事術を学ばせていただきました。中でも先生の徹底した時間コントロール術は私にとって大変興味深く、近くでいろいろと生きた勉強をさせていただきました。

今でも先生とはよくお会いするのですが、先生の仕事ぶりを見るにつけ、自分自身の時間や情報のコントロールの仕方がまだまだ甘いことを思い知らされています。

私の夢は、まだまだたくさんあります。そして日々増えています。これらをより早く、より確実に実現するためにも、私は本書で紹介したクマガイ式情報整理術をもっと改善していくつもりです。

諸先輩の方々、これからもご指導のほど、よろしくおねがいします。

そして私が諸先輩の方々から学び、自分なりに工夫して作り上げたこのクマガイ式情報整理術のノウハウが、本書を通して読者の方々に少しでもお役に立てることができたなら、著者としてこれに勝る幸せはありません。

本書をお読みいただいた読者の皆様も、きっとたくさんの夢をお持ちのことだと思います。夢が多いほど、情報量も多くなります。そしてこの先私たちの社会は、ますます情報化への道を進みます。

情報の荒波に飲み込まれて誤った情報に振り回されたり時間を失ったりすることなく、皆様が本書のノウハウで「情報」と「時間」を味方につけ、夢を「より早く」「より確実に」かなえることができることを祈りつつ、ペンを置くこととします。

二〇〇五年初夏　渋谷の会議室にて

ＧＭＯインターネット株式会社　熊谷正寿

【著者紹介】

熊谷　正寿（くまがい・まさとし）

◉――1963年、長野県生まれ。東証一部上場企業GMOインターネット株式会社を中心とするGMOインターネットグループ22社、約2000名の従業員を率いるベンチャー企業家の雄。同グループは「すべての人にインターネット」を合い言葉にニッポンの「インターネット部」を目指し、現在44万社の法人顧客と1850万人の個人顧客を擁する。

◉――1991年、株式会社ボイスメディア（現・GMOインターネット株式会社）設立、代表取締役就任。1999年に「独立系インターネットベンチャー」として国内初の株式店頭公開。同年に連結子会社「株式会社まぐクリック」設立、代表取締役就任。翌年には同社を、創業364日という当時の日本史上最短上場記録でナスダックジャパン（現・ヘラクレス）に上場。2005年４月に連結子会社「GMOペイメントゲートウェイ」をマザーズに上場、GMOインターネットグループとして７年間で３社の上場を達成。

◉――2000年、日経ベンチャー「99年ベンチャーオブザイヤー」（新規公開部門２位）受賞。2003年、米フォーブス誌が200社を選んだ「Best Under a Billion, Forbes Global's 200 Best Small Companies for 2003」に選ばれる。2005年、Newsweek誌（国際版）が選んだ「Super CEOs 世界の革新的な10人」に選ばれる。

◉――郵政省（現・総務省）「次世代インターネット政策に関する研究会」委員。社団法人日本インターネットプロバイダ協会副会長。

※『夢手帳☆熊谷式』は実用新案登録済製品（実用新案登録第3108930号）です。

情報整理術《じょうほうせいりじゅつ》クマガイ式《しき》　〈検印廃止〉

2005年７月４日　第１刷発行
2005年７月22日　第２刷発行

著　者――熊谷　正寿©
発行者――境　健一郎
発行所――株式会社かんき出版
東京都千代田区麹町4-1-4 西脇ビル　〒102-0083
電話　営業部：03(3262)8011㈹　総務部：03(3262)8015㈹
編集部：03(3262)8012㈹　教育事業部：03(3262)8014㈹
FAX　03(3234)4421　振替　00100-2-62304
http://www.kankidirect.com/

印刷所――ベクトル印刷株式会社

ISBN4-7612-6260-5 C0030